Für:

Von:

»Durch Christus haben wir Anteil bekommen
am künftigen Heil.
Dazu hat Gott uns von Anfang an bestimmt
nach seinem Plan und Willen –
er, der alle Dinge bewirkt.«

Epheser 1,11

Rick Warren

Leben mit Vision

Gebetstagebuch
Impulse für die Stille Zeit

Projektion J

Es wurden folgende Bibelausgaben verwendet:
Luther-Übersetzung. Stuttgart: Deutsche Bibelgesellschaft, 1984 (LÜ)
Gute Nachricht Bibel. Stuttgart: Deutsche Bibelgesellschaft, 1997 (GN)
Hoffnung für alle. Basel und Gießen: Brunnen Verlag, 1996 (Hfa)
Einheitsübersetzung. Stuttgart: Katholische Bibelanstalt, 1980 (EÜ)
Elberfelder Bibel. Wuppertal und Zürich: R. Brockhaus Verlag, 1995 (ELB)

Titel der Originalausgabe:
The Purpose-Driven Life. Prayer Journal

Published by Zondervan Publishing House, Grand Rapids, Michigan

1. Auflage 2004
Best.-Nr. 657 535

ISBN 3-89490-535-2

Übersetzung: Rüdiger Kurz, Annette Schalk, Nicole Schol
Überarbeitung: Lothar Bublitz
Zusammenstellung: Nicole Schol
Umschlaggestaltung: Hanni Plato
Umschlagfoto: Getty Images
Satz: Die Feder GmbH, Wetzlar
Druck und Verarbeitung: GGP Media, Pößneck

Eine Reise mit einem Ziel

Noch bevor Sie geboren wurden, hat Gott diesen Augenblick in Ihrem Leben geplant. Es ist kein Zufall, dass Sie dieses Buch in Händen halten. Gott sehnt sich danach, dass Sie das Leben entdecken, für das er Sie erschaffen hat – hier auf der Erde und in der Ewigkeit.

Beim Schreiben von »Leben mit Vision« habe ich immer wieder dafür gebetet, dass Sie die unglaubliche Freude erfahren, die sich einstellt, wenn man Gottes Ziele für sein Leben kennt. Ich bewundere Sie für Ihr Interesse an diesem Buch. Es zeigt, dass Sie den Sinn und das Ziel Ihres Lebens kennen möchten, und Gott liebt dies. Sie werden einen größeren Überblick bekommen und verstehen, wie die verschiedenen Teile Ihres Lebens zusammenpassen. Diese neue Perspektive wird Ihnen helfen, Stress zu verringern, bessere Entscheidungen zu fällen, zufriedener zu leben, und sie wird Sie vor allem auf die Ewigkeit vorbereiten.

Ich möchte Sie einladen, mich auf einer 40-tägigen geistlichen Reise zu begleiten, die Sie in die Lage versetzen wird, die wichtigste Frage in Ihrem Leben zu beantworten: »Wozu bin ich eigentlich auf dieser Erde?« Der beste Weg, um größere Fortschritte bei der Erfüllung von Gottes Zielen für Ihr Leben zu machen, ist das Führen eines geistlichen Tagebuches. Dabei handelt es sich nicht um ein Tagebuch, in das Sie Ihre täglichen Erlebnisse notieren, sondern eine Aufzeichnung der Lebenslektionen, die Sie nicht vergessen wollen. Wir erinnern uns an das, was wir aufgeschrieben haben. Das Schreiben hilft uns dabei, uns darüber klar zu werden, was Gott in unserem Leben tut.

Wenn Sie mit der Erfüllung Ihrer Lebensziele wirklich ernst machen wollen, dann dürfen Sie sich dabei nicht hetzen. Gott tut dies auch nicht. Also schalten Sie einen Gang zurück und nehmen Sie sich Zeit, um nachzudenken, über das Gelesene zu reden und dies zu Papier zu bringen. Erlauben Sie der Bibel, zu Ihnen zu sprechen.

Ihr Leben ist eine Reise, und eine Reise verdient es, schwarz auf weiß festgehalten zu werden. Sie schulden es künftigen Generationen, schriftlich festzuhalten, wie Gott Ihnen dabei geholfen hat, seine Ziele auf dieser Erde zu erfüllen. Dieses Tagebuch ist ein Zeuge, der auch dann noch sprechen wird, wenn Sie schon lange im Himmel sind.

Rick Warren

»Diese Worte soll man aufschreiben
für eine kommende Generation.
Dann wird ein neu erschaffenes Volk
den Herrn preisen.«

Psalm 102,19; GN

Wozu lebe ich überhaupt?

1. Tag

Alles fängt mit Gott an

»Denn in ihm ist alles erschaffen worden, was im Himmel und auf Erden ist. [...] Alles hat Gott durch ihn geschaffen und alles findet in ihm sein letztes Ziel.«
Kolosser 1,16; GN

Ein Gedanke zum Mitnehmen: Es geht nicht um mich.

Eine Frage zum Nachdenken: Wie kann ich mir heute bewusst machen, dass es in meinem Leben darum geht, für Gott zu leben und nicht für mich selbst?

Es geht in Ihrem Leben um weit mehr als um Selbsterfüllung, persönliche Zufriedenheit oder Glück. Es geht um mehr als um Ihre Familie, Ihre Karriere oder Ihre kühnsten Träume und Vorstellungen.
Es gibt eine Alternative zu der Möglichkeit, über den Sinn des Lebens reine Spekulationen anzustellen. Die Alternative heißt *Offenbarung*.

Wir können uns anschauen, was Gott in seinem Wort zu dieser Frage zu sagen hat. Der einfachste Weg, den Sinn einer Erfindung herauszufinden, besteht darin, den Erfinder selbst zu fragen. Das gilt auch in Bezug auf den Sinn unseres Lebens. Fragen Sie Gott!

»Gottes Weisheit [...] bleibt ein Geheimnis und vor den Augen der Welt verborgen. Und doch hat Gott, noch ehe er die Welt schuf, beschlossen, uns an seiner Weisheit und Herrlichkeit teilhaben zu lassen.«
1. Korinther 2,7; Hfa

Vater, hilf mir zu Beginn meiner Reise zu erkennen, dass es nur zu Leere und Bedeutungslosigkeit führt, wenn ich mein Leben um meine Person herum baue anstatt um dich. Ich wurde von dir und für dich erschaffen, und ich möchte die Ziele entdecken, die du für mein Leben hast.

2. Tag
Sie sind kein Produkt des Zufalls

»Ich habe dich geschaffen wie ein Kind im Mutterleib.
Von Anfang an habe ich dir geholfen!«
Jesaja 44,2; Hfa

Ein Gedanke zum Mitnehmen: Ich bin kein Produkt des Zufalls.

Eine Frage zum Nachdenken: Vor dem Hintergrund, dass Gott mich mit einem Plan und einem Ziel geschaffen hat: Gibt es Bereiche meiner Persönlichkeit, meiner Familienverhältnisse und meiner äußeren Erscheinung, die ich nur schwer annehmen kann?

Als Ihre Eltern noch nicht einmal an Sie gedacht haben, da dachte Gott schon an Sie. Es ist kein Schicksal, kein Zufall, weder Glück noch Pech, dass Sie in diesem Moment atmen. Sie leben, weil Gott Sie erschaffen wollte.

»Schon als ich im Verborgenen Gestalt annahm, unsichtbar noch, kunstvoll gebildet im Leib meiner Mutter, da war ich dir nicht verborgen. Als ich gerade erst entstand, da hast du mich schon gesehen.« Psalm 139,15–16; Hfa

Gott hat Sie erschaffen, um Sie zu lieben, und Sie sind seine besondere Schöpfung. Gott dachte sogar schon vor der Erschaffung dieser Erde an Sie. Genauer gesagt, sind wir der Grund, warum er diese Erde überhaupt erschaffen hat. Gott hat auf diesem Planeten Lebensbedingungen geschaffen, die für Menschen optimal sind. Wir sind das Objekt seiner Liebe und der wertvollste Teil dieser Schöpfung.

»Aus Liebe zu uns hat er schon damals beschlossen, dass wir durch Jesus Christus seine eigenen Kinder werden sollten. Dies war sein Plan und so gefiel es ihm.«
Epheser 1,5; Hfa

Wenn es keinen Gott gäbe, wären wir alle »Unfälle«. Wir wären die Folge von astronomischen Zufallstreffern im Universum. Aber es gibt einen Gott, der Sie aus einem ganz bestimmten Grund geschaffen hat, und Ihr Leben hat sehr wohl einen tiefen Sinn! Wir entdecken diesen Sinn aber nur dann, wenn wir Gott zur Mitte unseres Lebens machen.

Gott würfelt nicht.
Albert Einstein

Gott, dein Plan ist großartig. Ich danke dir dafür, dass es einen Grund dafür gibt, dass ich so bin, wie ich bin. Hilf mir, darauf zu vertrauen, dass du meine Eltern, meine Nationalität, meine Familienverhältnisse, meine Gaben und mein Äußeres weise ausgewählt hast.

3. Tag
Was treibt Ihr Leben an?

»Herr, du gibst Frieden dem, der sich an dich hält und dir allein vertraut.«
Jesaja 26,3; Hfa

Ein Gedanke zum Mitnehmen: Ein sinn- und zielorientiertes Leben ist der Weg zum Frieden.

Eine Frage zum Nachdenken: Wie würden meine Familie und meine Freunde auf die Frage antworten, was mein Leben bestimmt? Was sollten meiner Meinung nach meine Ziele sein?

Jeder Mensch wird durch irgendetwas angetrieben. Die meisten Lexika erklären das Verb »antreiben« mit »drängen, anregen, kontrollieren, Richtung angeben«. Was ist die treibende Kraft Ihres Lebens?

»Niemand kann gleichzeitig zwei Herren dienen.«
Matthäus 6,24; Hfa

Viele Menschen werden von Schuld, Wut und Bitterkeit, Angst, materiellen Wünschen oder dem Bedürfnis nach Anerkennung getrieben. Dieses Gebetstagebuch soll Ihnen dabei helfen, ein sinn- und zielorientiertes Leben zu führen – ein Leben, das durch Gottes Absichten und Ziele bestimmt, kontrolliert und gelenkt wird. Nichts ist wichtiger, als Gottes Ziele für Ihr Leben zu kennen.
Wir alle sind Produkte unserer Vergangenheit, aber wir müssen nicht ihre Gefangenen sein. Gottes Vorhaben werden nicht durch unsere Vergangenheit eingeschränkt. Er hat einen Mörder namens Mose in einen vorbildlichen Leiter verwandelt und einen Feigling namens Gideon in einen kühnen Helden. Und er kann auch ganz erstaunliche Dinge mit dem Rest Ihres Lebens machen.

Ein sinn- und zielorientiertes Leben bietet fünf große Vorteile:
- Das Ziel Ihres Lebens zu kennen gibt Ihrem Leben einen Sinn.
- Das Ziel Ihres Lebens zu kennen vereinfacht Ihr Leben.
- Das Ziel Ihres Lebens zu kennen gibt Ihrem Leben eine klare Richtung.
- Das Ziel Ihres Lebens zu kennen setzt Ihr Leben in Bewegung.

- Das Ziel Ihres Lebens zu erfüllen hilft Ihnen, ein bleibendes Vermächtnis zu hinterlassen.

Viele Menschen wollen, dass man sich an sie erinnert, wenn sie einmal nicht mehr da sind. Aber entscheidend ist nicht, was einmal andere über Sie sagen werden, sondern was *Gott* über Sie sagen wird. Wie werden Sie antworten, wenn Gott Sie fragt: *»Was hast du mit meinem Sohn, Jesus Christus, gemacht?«*, und: *»Was hast du mit dem gemacht, was ich dir gegeben habe?«*

»Wir werden einmal alle vor Gott stehen und von ihm gerichtet werden.«
Römer 14,10; GN

Vater, ich möchte, dass meine Liebe zu dir der Hauptantrieb meines Lebens ist. Hilf mir dabei, mein Leben auf deinen Plan und dein Ziel für mich auszurichten und mich nicht von den Erwartungen anderer davon abbringen zu lassen.

4. Tag
Geschaffen für die Ewigkeit

»Die Welt vergeht und mit ihr alle Lust und Gier. Wer aber tut, was Gott will, wird ewig leben.«
1. Johannes 2,17; GN

Ein Gedanke zum Mitnehmen: Es gibt mehr im Leben als das Hier und Jetzt.

Eine Frage zum Nachdenken: Wenn alles Handeln hier und heute Folgen für die Ewigkeit hat, womit sollte ich heute aufhören und was sollte ich heute zu tun beginnen?

Sie haben einen angeborenen Instinkt, der sich nach Unsterblichkeit sehnt. Das hängt damit zusammen, dass Gott Sie nach seinem Ebenbild geschaffen hat, geschaffen für ein Leben in Ewigkeit. Wir haben das Gefühl, dass wir für immer leben sollten, weil Gott unser Gehirn mit der Sehnsucht danach ausgestattet hat. *»Gott hat alles gut gemacht, auch hat er die Ewigkeit in des Menschen Herz gelegt«* (Prediger 3,11; LÜ).

»Gott hätte sicherlich solch ein Wesen wie den Menschen nicht nur für einen Tag geschaffen. Nein, der Mensch ist für die Unsterblichkeit geschaffen.«
Abraham Lincoln

Der Umstand, ob Sie eine Beziehung zu Gott haben, bestimmt, wo Sie die Ewigkeit verbringen werden. Wenn Sie durch seinen Sohn Jesus Christus eine Beziehung zu ihm aufbauen, die von Liebe und Vertrauen geprägt ist, werden Sie die Ewigkeit mit ihm verbringen. Wenn Sie im Licht der Ewigkeit leben, verändern sich auch Ihre Werte. Sie werden Ihre Zeit und Ihr Geld sinnvoller nutzen. Sie werden Beziehungen und Charakter mehr Bedeutung und Geld und Ansehen weniger beimessen. Ihre Prioritäten werden neu geordnet. Immer den aktuellen Trends, Moden und den Werten hinterherzulaufen, die gerade »in« sind, ist plötzlich nicht mehr so wichtig.

Paulus schrieb: »Aber seit ich Christus kenne, ist das alles für mich ein großer Verlust, was mir vorher als großer Gewinn erschien.«
Philipper 3,7; Hfa

»Doch was er sich vorgenommen hat, das tut er; seine Pläne sind gültig für alle Zeit.«
Psalm 33,11; Hfa

Gott hat ein Ziel für Ihr Leben auf dieser Erde, aber es hört nicht auf dieser Erde auf. Sein Plan umfasst mehr als nur die wenigen Jahrzehnte, die Sie auf dieser Erde verbringen. Es geht um mehr als »die Chance Ihres Lebens«; Gott bietet Ihnen eine Chance an, die weit über Ihr Leben hinausgeht.

Gott, öffne mir die Augen, damit ich erkenne,
dass auch meine kleinsten Entscheidungen
eine Auswirkung auf die Ewigkeit haben.
Erinnere mich daran, über das Gegenwärtige hinauszublicken
und mich auf das auszurichten, was ewig Bestand hat.
Lehre mich, im Licht der Ewigkeit zu leben.

5. Tag
Das Leben aus Gottes Perspektive sehen

»Wenn ihr also im Umgang mit dem leidigen Geld nicht zuverlässig seid, wird euch auch niemand das wirklich Wertvolle anvertrauen.«
Lukas 16,11; GN

Ein Gedanke zum Mitnehmen: Unser Leben ist eine Bewährungsprobe und eine Leihgabe.

Eine Frage zum Nachdenken: Was habe ich in der letzten Zeit erlebt, das ich im Nachhinein als Bewährungsprobe Gottes erkenne? Was sind die größten Leihgaben, die Gott mir anvertraut hat?

In der Bibel finden Sie drei Bilder, die Gottes Sicht des Lebens verdeutlichen: Das Leben ist eine *Bewährungsprobe,* eine *Leihgabe* und eine *zeitlich begrenzte Aufgabe.* Diese Begriffe bilden die Grundlage eines sinn- und zielorientierten Lebens. Wenn Sie Gottes Ziel für Ihr Leben erreichen wollen, müssen Sie herkömmliche menschliche Weisheit hinterfragen und durch biblische Lebensbilder ersetzen.

»Passt euch nicht den Maßstäben dieser Welt an. Lasst euch vielmehr von Gott umwandeln, damit euer ganzes Denken erneuert wird. Dann könnt ihr euch ein sicheres Urteil bilden, welches Verhalten dem Willen Gottes entspricht, und wisst in jedem einzelnen Fall, was gut und gottgefällig und vollkommen ist.«
Römer 12,2; GN

Wenn Sie verstehen, dass es im Leben darum geht, sich zu bewähren, dann wird Ihnen bewusst, dass *nichts* in Ihrem Leben unbedeutend ist. Auch die kleinsten Dinge sind dann für Ihre Charakterentwicklung entscheidend. *Jeder* Tag ist ein wichtiger Tag, und jede Sekunde birgt die Chance, Ihren Charakter zu festigen, Liebe zu üben und in der Abhängigkeit von Gott zu wachsen. Manche Herausforderungen scheinen überwältigend zu sein, während Sie andere nicht einmal wahrnehmen. Aber alle haben Auswirkungen auf das Leben in der Ewigkeit.

»Glücklich ist der zu nennen, der die Bewährungsproben besteht und im Glauben festbleibt. Gott wird ihn mit dem Siegeskranz, dem ewigen Leben, krönen.«
Jakobus 1,12; Hfa

Vergessen Sie niemals, dass alles in Ihrem Leben Gott gehört: Ihr Zuhause, Ihre Kinder, Ihr Beruf – alles. Sie sind lediglich ein Verwalter all dieser Dinge. Gott hat Ihnen das Privileg verliehen, alles zu genießen, aber auch die Verantwortung übertragen, es treu zu gebrauchen, wie es seinem Willen entspricht.

In unserer Kultur ist es normalerweise so, dass wir uns um das, was uns nicht gehört, auch nicht besonders kümmern. Aber Christen leben mit einer anderen Prämisse: »Weil es Gott gehört, verdient es meine besondere Fürsorge und Sorgfalt.«

»Von den Verwaltern wird verlangt, dass sie zuverlässig sind.«
1. Korinther 4,2; GN

Am Ende Ihres Lebens auf dieser Erde wird Gott beurteilen, wie gut Sie mit dem umgegangen sind, was er Ihnen anvertraut hat. Das bedeutet, dass alles, was Sie tun – selbst einfache Alltagsdinge –, Auswirkungen auf die Ewigkeit hat. Wenn Sie alles als Leihgabe behandeln, verheißt Gott Ihnen eine dreifache Belohnung in der Ewigkeit. Erstens bekommen Sie Gottes Anerkennung. Er wird zu Ihnen sagen: »Du warst tüchtig und zuverlässig.« Zweitens bekommen Sie eine Beförderung und größere Verantwortung: »Ich werde dir größere Dinge anvertrauen.« Und schließlich werden Sie mit einer Feier belohnt: »Ich lade dich zu meinem Fest ein!«

Guter Gott, schenke mir die Weisheit,
das Leben so zu sehen, wie du es siehst.
Hilf mir, die Bewährungsprobe,
die ich durchlaufen muss, zu bestehen und alles,
was du mir anvertraut hast, treu zu bewahren.
Alles ist dein Eigen; ich darf es lediglich gebrauchen,
während ich auf dieser Erde lebe.

6. Tag
Das Leben ist eine zeitlich begrenzte Aufgabe

»Ich baue nicht auf das Sichtbare, sondern auf das, was jetzt noch niemand sehen kann. Denn was wir jetzt sehen, besteht nur eine gewisse Zeit. Das Unsichtbare aber bleibt ewig bestehen.«
2. Korinther 4,18; GN

Ein Gedanke zum Mitnehmen: Diese Welt ist nicht mein Zuhause.

Eine Frage zum Nachdenken: Wie sollte die Tatsache, dass das Leben auf dieser Erde nur eine zeitlich begrenzte Aufgabe ist, heute mein Leben verändern?

Um das Beste aus unserem Leben zu machen, dürfen wir zwei Dinge nie vergessen: Zum einen ist das Leben verglichen mit der Ewigkeit extrem kurz. Und zum anderen ist die Erde nur ein vorübergehender Aufenthaltsort. Sie werden hier nicht allzu lange bleiben, also hängen Sie nicht zu sehr daran. Bitten Sie Gott, Ihnen zu helfen, das Leben auf der Erde mit seinen Augen zu sehen. Mit all den Attraktionen, mit der Unterhaltungsindustrie und der permanenten multimedialen Berieselung fällt es leicht zu vergessen, dass es in unserem Leben nicht darum geht, möglichst viel Spaß zu haben. Nur wenn wir daran denken, dass das Leben eine Bewährungsprobe, eine Leihgabe und eine zeitlich begrenzte Aufgabe ist, werden diese Dinge einen Teil ihres Reizes verlieren.

»Das, was wir jetzt sehen, besteht nur eine gewisse Zeit. Das Unsichtbare aber bleibt ewig bestehen.«
2. Korinther 4,18; GN

In Gottes Augen sind die größten Glaubenshelden nicht jene, die Reichtum erlangt, Erfolg gehabt und viel geleistet haben. Es sind jene, die dieses Leben als zeitlich begrenzte Aufgabe leben, treu dienen und erwarten, dass sie ihren Lohn erst im Himmel erhalten.

»In solchem Vertrauen sind sie alle gestorben, Abraham, Isaak und Jakob. Sie haben zu Lebzeiten nicht bekommen, was Gott ihnen versprochen hatte. Doch sie sahen es aus der Ferne und freuten sich darauf. Sie bekannten sich offen dazu, dass sie Gäste und Fremde auf der Erde waren. [...] Sie sehnten sich nach einer besseren Heimat, nach der himmlischen, und deshalb schämte Gott sich auch nicht, ihr Gott – der Gott Abrahams, Isaaks und Jakobs – zu heißen. Er hatte ja auch schon eine Stadt für sie gebaut.«
Hebräer 11,13.16; GN

»Ich baue nicht auf das Sichtbare, sondern auf das, was jetzt noch niemand sehen kann. Denn was wir jetzt sehen, besteht nur für eine gewisse Zeit.«
2. Korinther 4,18; GN

Wenn das Leben hart ist, wenn alles zu viel wird, wenn Zweifel Sie zu überwältigen drohen oder wenn Sie sich fragen, ob das Leben mit Jesus es wert ist, dafür so viel aufzugeben, dann denken Sie daran, dass Sie noch nicht zu Hause sind. Wenn Sie sterben, werden Sie nicht Ihr Zuhause verlassen, Sie werden vielmehr *nach Hause gehen.*

Herr, führe mir immer wieder vor Augen,
dass das Leben mehr ist als das Hier und Jetzt.
Erinnere mich daran, dass mein Aufenthalt auf dieser Erde
zeitlich begrenzt ist, damit ich mich nicht zu sehr an
die Dinge dieser Welt hänge, da sie keinen Bestand haben.

7. Tag
Der Grund für alles

»Von Gott kommt alles, durch Gott lebt alles, zu Gott geht alles. Ihm gehört die Herrlichkeit für immer und ewig. Amen.«
Römer 11,36; GN

Ein Gedanke zum Mitnehmen: Es dreht sich alles um Gott.

Eine Frage zum Nachdenken: Wie kann ich in meinem Alltag Gottes Herrlichkeit bewusster wahrnehmen?

Das höchste Ziel dieses Universums besteht darin, die Herrlichkeit Gottes zu offenbaren. Das ist der Grund für alles, was es gibt, und das schließt Sie ein. Gott hat *alles* zu seiner Ehre erschaffen. Ein Leben zur Ehre Gottes ist das Größte, was wir je mit unserem Leben erreichen können. Gott sagt: »Ich habe sie zu meiner Ehre geschaffen, ja, ich habe sie gemacht« (Jesaja 43,7; Hfa). Deshalb sollte dies auch das höchste Ziel in unserem Leben sein.

Jesus gab Gott die Ehre, indem er seine Aufgabe hier auf der Erde erfüllte. Wir geben Gott auf die gleiche Art und Weise Ehre.
Es gibt viele Möglichkeiten, Gott die Ehre zu geben, aber sie lassen sich in den fünf Lebensaufträgen zusammenfassen, die Gott uns für unser Leben gibt:

1. Wir ehren Gott, wenn wir ihn anbeten.
2. Wir ehren Gott, wenn wir die Familie Gottes lieben.
3. Wir ehren Gott, indem wir Jesus Christus ähnlich werden.
4. Wir geben Gott die Ehre, indem wir ihm und anderen dienen.
5. Wir ehren Gott, indem wir anderen von ihm erzählen.

Gottes Herrlichkeit beinhaltet drei Geheimnisse, die den meisten Menschen entgehen: Erstens, wenn Sie Jesus Ihr Leben anvertrauen, füllt er Sie mit seiner Herrlichkeit. Zweitens, je mehr wir uns darauf ausrichten, zur Ehre Gottes zu leben, desto mehr werden wir mit Freude erfüllt. Und schließlich – das ist das dritte Geheimnis – werden Sie eines Tages Anteil an Gottes Herrlichkeit haben. Gott verspricht an mehreren Stellen der Bibel, dass wir seine Herrlichkeit für alle Ewigkeit teilen werden, wenn wir hier auf dieser Erde zu seiner Ehre leben.

Wollen Sie für Ihre eigenen Ziele, Ihren netten Komfort, Ihre Zufriedenheit leben oder wollen Sie zur Ehre Gottes leben, mit Blick auf alles, was er seinen Kindern für die Ewigkeit verspricht? Vielleicht zögern Sie, weil Sie sich fragen, ob Sie es schaffen werden, für Gott zu leben. Machen Sie sich darum keine Sorgen. Gott wird Ihnen das geben, was Sie brauchen, wenn Sie bereit sind, für ihn zu leben.

»Alles, was wir brauchen, um ein Leben zu führen, wie es Gott gefällt, hat uns Christus geschenkt.«
2. Petrus 1,3; Hfa

Wunderbarer Gott, ich wünsche mir zutiefst,
zu deiner Ehre zu leben. Hilf mir zu erkennen,
dass alles, was mich umgibt,
deine Herrlichkeit widerspiegelt.
Ohne dich gäbe es nichts in diesem Universum.
Alles existiert zu deiner Ehre!

<u>**1. Lebensziel:**</u>

Sie wurden zur Freude Gottes erschaffen

8. Tag
Erschaffen zur Freude Gottes

»Der Herr hat Wohlgefallen an seinem Volk.«
Psalm 149,4; LÜ

Ein Gedanke zum Mitnehmen: Ich wurde zur Freude Gottes erschaffen.

Eine Frage zum Nachdenken: Welche alltägliche Aufgabe kann ich ab heute so erledigen, als ob ich sie direkt für Christus täte?

Gott Freude zu machen nennt man »Anbetung«. Es ist Ihr erstes und wichtigstes Lebensziel. Alles, was Sie tun und worüber Gott sich freuen kann, ist eine Form von Anbetung. Wie ein Diamant hat Anbetung *viele Facetten*. Anbetung ist ein Lebensstil.

»Du allein bist würdig, dass wir dich ehren und rühmen, uns deiner Macht unterordnen. Denn du hast alles erschaffen. Nach deinem Willen entstand die Welt und alles, was auf ihr lebt.«
Offenbarung 4,11; Hfa

Anbetung ist nicht in erster Linie für Sie gedacht. Wenn wir Gott anbeten, dann wollen wir ihm Freude machen, nicht uns selbst! Natürlich hat Anbetung auch einen Nutzen für uns persönlich, aber wir beten nicht an, um uns damit eine Freude zu machen. Unser Ziel ist es, unserem Schöpfer die Ehre zu geben und ihm Freude zu machen.

»Er freut sich über alle, die ihm in Ehrfurcht begegnen und von seiner Gnade alles erwarten.«
Psalm 147,11; Hfa

»Weil ihr Gottes Barmherzigkeit erfahren habt, fordere ich euch auf, liebe Brüder, mit Leib und Leben für Gott da zu sein. Seid ein lebendiges und heiliges Opfer, das Gott gefällt. Einen solchen Gottesdienst erwartet er von euch.«
Römer 12,1; Hfa

Anbetung ist nicht das, was von Ihren Lippen kommt; Anbetung ist, was Sie mit Ihrem Leben tun. All das Singen, Beten und der Lobpreis sind wertlos, wenn sie nicht zu persönlicher Veränderung und Hingabe führen. Man kann in der Anbetung kein Zuschauer sein. Passive Anbetung ist ein Widerspruch in sich. In der echten Anbetung geben Sie sich selbst hin, um zur Freude Gottes zu leben.

Vater, ich danke dir dafür, dass du mich zu deiner Freude erschaffen hast. Ich würde nicht einmal existieren, wenn du nicht beschlossen hättest, mich zu erschaffen. Wenn mir heute auch nichts weiter gelingt, so hilf mir doch, dass ich dich heute Abend, wenn ich zu Bett gehe, ein bisschen besser kenne und mehr liebe. Hilf mir, einen Lebensstil der Anbetung anzunehmen.

9. Tag

Was bringt Gott zum Lächeln?

»Er freut sich über alle, die ihm mit Ehrfurcht begegnen und von seiner Gnade alles erwarten.«
Psalm 147,11; GN

Ein Gedanke zum Mitnehmen: Gott lächelt, wenn ich ihm vertraue.

Eine Frage zum Nachdenken: Wenn Gott am besten weiß, was für mich am besten ist - in welchen einzelnen Bereichen meines Lebens muss ich lernen, ihm ganz zu vertrauen?

Wenn es unser erstes Lebensziel ist, Gott zu erfreuen, besteht die vordringlichste Aufgabe darin, herauszufinden, wie Sie dies tun können. Glücklicherweise finden wir in der Bibel das Vorbild eines Mannes, der lebte, wie es Gott gefiel. Dieser Mann hieß Noah. Von diesem Mann können wir die fünf Arten der Anbetung lernen, die Gott zum Lächeln bringen.

1. Gott lächelt, wenn wir ihn über alles lieben.
2. Gott lächelt, wenn wir ihm völlig vertrauen.
3. Gott lächelt, wenn wir ihm von ganzem Herzen gehorchen.
4. Gott lächelt, wenn wir ihn loben und ihm danken.
5. Gott lächelt, wenn wir unsere Gaben und Fähigkeiten gebrauchen.

Und genau das wünscht sich Gott: eine Beziehung. Gott liebt Sie und *wünscht sich*, dass Sie ihn auch lieben. Er *sehnt sich* danach, dass Sie ihn wirklich kennen lernen und Zeit mit ihm verbringen. Er erfreut sich an Ihnen. Das ist der Grund, warum es das höchste Ziel Ihres Lebens sein sollte, sich von Gott lieben zu lassen und Gott lieben zu lernen. Nichts kann wichtiger sein.

Jesus sagte: »Du sollst Gott deinen Herrn von ganzem Herzen lieben, mit all deiner Kraft und mit deinem ganzen Verstand. Das ist das erste und größte Gebot.«
Matthäus 22,37–38; LÜ

»Wir werden von Gott nur angenommen, wenn unsere Taten beweisen, dass unser Glaube echt ist.«
Jakobus 2,24; Hfa

Wenn Sie im Licht der Ewigkeit leben, fragen Sie nicht mehr: »Wie kann ich aus diesem Leben so viel Spaß wie möglich herausholen?« Sie fragen: »Wie sehr freut Gott sich über das Leben, das ich führe?« Gott hält auch heute noch Ausschau nach Menschen wie Noah – Menschen, die bereit sind, ihm zur Ehre zu leben. Dieser Lebensstil der Anbetung ist die einzig weise, vernünftige Art zu leben.

»Fragt immer danach, was dem Herrn gefällt.«
Epheser 5,10; GN

Lieber Gott, ich möchte mein Leben so führen,
dass es dich zum Lächeln bringt.
Gib mir die Kraft, dich über alles zu lieben,
dir völlig zu vertrauen und dir heute
von ganzem Herzen zu gehorchen.

10. Tag
Das Herz der Anbetung

»Dient vielmehr Gott mit allem, was ihr seid und habt. Weil ihr mit Christus gestorben seid und er euch ein neues Leben schenkte, sollt ihr jetzt Werkzeuge in Gottes Hand sein, damit er euch für seine Ziele einsetzen kann.«
Römer 6,13; Hfa

Ein Gedanke zum Mitnehmen: Das Herz der Anbetung ist Hingabe.

Eine Frage zum Nachdenken: Welchen Bereich meines Lebens enthalte ich Gott vor?

Das Herzstück der Anbetung ist Hingabe. Echte Anbetung – Gott Freude zu bereiten – geschieht, wenn wir uns Gott ganz hingeben. Diese Hingabe an Gott ist das, worum es bei Anbetung geht. Dieser Akt der persönlichen Hingabe hat viele Namen: Heiligung, Christus zum Herrn des Lebens machen, sein Kreuz auf sich nehmen, das »Ich« sterben lassen, sich dem Heiligen Geist unterordnen. Das Entscheidende ist nicht, wie Sie es nennen, das Entscheidende ist, dass Sie es tun. Gott will Ihr ganzes Leben, 95 Prozent sind nicht genug.

Vertrauen gehört zur Hingabe unbedingt hinzu. Sie werden sich Gott nicht hingeben, solange Sie ihm nicht vertrauen. Und Sie können ihm nicht vertrauen, solange Sie ihn nicht besser kennen lernen. Die Furcht verhindert, dass wir uns ihm hingeben, aber die Liebe *vertreibt die Angst.* Je besser Sie verstehen, wie sehr Gott Sie liebt, desto leichter wird es für Sie, sich ihm hinzugeben. Gott ist ein Liebender und ein Befreier, und Hingabe bringt Freiheit und nicht Gebundenheit. Wenn wir uns Christus wirklich ganz hingeben, werden wir erleben, dass er kein Tyrann, sondern ein echter Retter ist; kein Vorgesetzter, sondern ein Bruder; kein Diktator, sondern ein Freund.

Hingabe lässt sich am besten an Gehorsam und Vertrauen erkennen. Sie antworten auf jede Aufforderung Jesu mit: »Ja, Herr!« Das beste Beispiel für Hingabe ist Jesus selbst. In der Nacht vor seiner Kreuzigung unterwarf Jesus sich noch einmal bewusst dem Plan Gottes. Er betete: »Vater, alles ist dir möglich! Erspare mir diesen Kelch am Ende. Aber es soll geschehen, was du willst, nicht, was ich will« (Markus 14,36; GN). Echte Hingabe sagt: »Vater, wenn dieses Problem, diese Krankheit, dieser Schmerz, dieser Umstand nötig ist, damit du dein Ziel erreichst, dann nimm diese Sache bitte nicht von mir.«

»Deshalb ordnet euch Gott unter.«
Jakobus 4,7; GN

Wenn Gott beginnt, in Ihrem Leben zu wirken, dann fängt er mit der Hingabe an. Geben Sie Gott also alles hin. Geben Sie ihm Ihre Vergangenheit, geben Sie ihm Ihre Gegenwart, geben Sie ihm Ihre Zukunft, Ihre Stärken und Ihre Schwächen, Ihre Ängste und Ihre Träume, Ihre Angewohnheiten und Verletzungen. Lassen Sie Jesus auf den Fahrersitz Ihres Lebens und nehmen Sie Ihre Hände vom Lenkrad. Haben Sie keine Angst: Nichts, was unter seiner Kontrolle steht, kann jemals außer Kontrolle geraten. Wenn Sie sich Jesus Christus anvertrauen, können Sie alles bewältigen.

Das Herz der Anbetung ist Hingabe.

Mein Vater, wenn ich an all das denke, was du für mich getan hast,
möchte ich mein ganzes Leben deinem Willen anvertrauen.
Ich möchte mein Bedürfnis, alles unter Kontrolle zu haben,
ablegen und stattdessen dir vertrauen.
Hilf mir, am heutigen Tag nichts vor dir zurückzuhalten.

11. Tag

Gottes bester Freund sein

»Der Herr zieht die Menschen, die ihn ernst nehmen, ins Vertrauen. Er lässt sie wissen, wozu er einen Bund mit seinem Volk geschlossen hat.«
Psalm 25,14; Hfa

Ein Gedanke zum Mitnehmen: Gott will mein bester Freund sein.

Eine Frage zum Nachdenken: Wie kann ich mich selbst daran erinnern, im Verlauf des Tages häufiger mit Gott zu reden?

Adam und Eva erlebten eine innige Freundschaft mit Gott. Unbelastet durch Furcht oder Schuld, freuten sie sich an Gott und Gott sich an ihnen. Wir wurden erschaffen, um in der dauerhaften Gegenwart Gottes zu leben. Aber durch den Sündenfall ging diese ideale Beziehung verloren. Da Jesus unsere Errettung möglich machte und uns seinen Heiligen Geist schenkte, können wir wieder Freunde Gottes werden. »Als wir noch seine Feinde waren, hat Gott uns durch den Tod seines Sohnes mit sich selbst versöhnt. Wie viel mehr werden wir, da wir jetzt Frieden mit Gott haben, am Tage des Gerichts bewahrt bleiben, nachdem ja Christus auferstanden ist und lebt« (Römer 5,10; Hfa).

»Wir rühmen uns damit, dass wir Gott auf unserer Seite haben. Das verdanken wir Jesus Christus, unserem Herrn, der uns die Versöhnung mit Gott gebracht hat.«
(Römer 5,11; GN)

Freundschaft mit Gott entsteht dadurch, dass Sie Ihr ganzes Leben mit ihm teilen. Aber Gott will mehr sein als ein Termin in Ihrem Terminkalender. Er will in jede Aktivität, in jedes Gespräch, jedes Problem und auch in jeden Gedanken einbezogen werden. Freundschaften werden durch gemeinsame Erfahrungen aufgebaut – freudige und schlimme Ereignisse, Herausforderungen, Alltägliches, Höhen und Tiefen. Sie bauen eine Freundschaft mit Gott auf ähnliche Weise auf: indem Sie Zeit zusammen verbringen, sich unterhalten, zuhören und viele unterschiedliche Dinge gemeinsam durchmachen.

Es ist unmöglich, Gottes Freund zu sein, wenn man nicht weiß, *was er sagt*. Sie können Gott nicht lieben, wenn Sie ihn nicht kennen, und Sie lernen ihn nicht kennen, wenn Sie sein Wort nicht lesen. Sie können zwar nicht den ganzen Tag über in seinem Wort lesen, aber Sie können immer wieder im Laufe des Tages darüber nachdenken. Sie können sich Bibelverse ins Gedächtnis rufen, die Sie gelesen oder auswendig gelernt haben, und sie immer wieder in Gedanken wiederholen. Gott bezeichnete Hiob und David als seine Freunde, weil sie sein Wort über alles schätzten und ständig darüber nachdachten.

»Wie sehr liebe ich dein Gesetz, den ganzen Tag denke ich darüber nach.«
Psalm 119,97; Hfa

Der dritte Baustein zu einer tiefen Freundschaft mit Gott ist völlige Aufrichtigkeit. Gott erwartet nicht, dass Sie perfekt sind – aber er erwartet von Ihnen, dass Sie vollkommen ehrlich sind. Wenn Fehlerlosigkeit der Maßstab wäre, dann wäre niemand in der Lage, eine Freundschaft mit Gott einzugehen. Die Freunde Gottes, von denen in der Bibel berichtet wird, waren alle nicht perfekt. Glück-licherweise ist Jesus durch Gottes Gnade immer noch »ein Freund der Zöllner und Sünder« (Matthäus 11,19; LÜ). In der Bibel sehen wir, dass die Freunde Gottes offen und ehrlich mit ihren Gefühlen umgegangen sind. Aber Gott schien ihre Freimütigkeit offensichtlich nicht zu stören; er forderte sie manchmal geradezu dazu heraus.

Gott zu kennen und zu lieben ist unser größtes Privileg, und erkannt und geliebt zu werden ist Gottes größte Freude.

Jesus, vergib mir, wenn ich zu viel zu tun habe
und keine Zeit finde,
eine Freundschaft zu dir aufzubauen.
Ich möchte lernen, während des heutigen Tages
immer im Gespräch mit dir zu sein.

12. Tag

Die Freundschaft mit Gott vertiefen

»Nähert euch Gott und er wird sich euch nähern.«
Jakobus 4,8; GN

Ein Gedanke zum Mitnehmen: Ich entscheide darüber, wie nahe ich Gott sein will.

Eine Frage zum Nachdenken: Welche praktischen Schritte will ich heute gehen, um Gott näher zu kommen?

Um uns zu zeigen, wie Offenheit und Ehrlichkeit aussehen, hat Gott uns das Buch der Psalmen gegeben. Es ist ein Handbuch der Anbetung – voll mit Klagen und Jammern, mit Zweifeln und Ängsten, mit Bitterkeit und Groll, aber auch voller Dank und Lob, Vertrauensbeweisen und Anbetung, Leidenschaft und rückhaltloser Offenheit. Jede Emotion finden wir in den Psalmen wieder. Wenn Sie die leidenschaftlichen Bekenntnisse von David und anderen lesen, dann verstehen Sie, dass Gott will, dass Sie ihn anbeten – ohne dass Sie Ihre Gefühle zurückhalten.

»Die Rechtschaffenen macht er zu seinen Vertrauten.«
Sprichwörter 3,32; GN

Wertschätzen Sie das, was Gott wertschätzt. Genau das tun Freunde: Sie kümmern sich um das, was dem anderen wichtig ist. Je enger Ihre Freundschaft mit Gott wird, desto mehr werden Ihnen die Dinge ein Anliegen sein, die ihm am Herzen liegen, desto mehr werden Sie über die Sachen traurig sein, die ihn traurig machen, und sich über die Dinge freuen, die ihn erfreuen. Was ist Gott am wichtigsten? Die Errettung der Menschen. Er will, dass alle verlorenen Menschen gefunden werden. Das ist der Grund, warum Jesus auf diese Erde kam. Nichts ging Gott näher als der Tod seines Sohnes am Kreuz, und nichts erfreut ihn mehr, als wenn diese Gute Nachricht vom stellvertretenden Tod an andere weitergegeben wird.

»Deine Liebe bedeutet mir mehr als mein Leben.«
Psalm 63,4; Hfa

Sie sollten die Freundschaft mit Gott mehr als alles andere wollen. Die enge Freundschaft mit Gott ist eine Entscheidung, kein Zufall. Sie müssen sich bewusst darum bemühen. Wollen Sie sie wirklich – mehr als alles andere? Vielleicht hatten Sie in der Vergangenheit eine Leidenschaft für Gott, aber Sie haben sie verloren. Aber es gibt einen einfachen Weg, Ihre Leidenschaft wieder zu entzünden: Bitten Sie Gott darum, und hören Sie nicht auf, darum zu bitten, bis Sie sie wieder haben. Sprechen Sie dieses Gebet im Laufe des heutigen Tages immer wieder: »Jesus, mehr als alles andere auf der Welt möchte ich dich tief und innig kennen lernen.«

Jesus, ich sehne mich nach einer tieferen Beziehung zu dir.
Hilf mir, dir ganz offen von meinen Gefühlen
und Fehlern zu erzählen.
Nichts ist wichtiger als eine Beziehung zu dir.

13. Tag

Anbetung, die Gott gefällt

»Du sollst den Herrn, deinen Gott, lieben von ganzem Herzen, von ganzer Seele, von ganzem Gemüt und von allen deinen Kräften!«
Markus 12,30; LÜ

Ein Gedanke zum Mitnehmen: Gott will mich ganz.

Eine Frage zum Nachdenken: Was macht Gott mehr Freude, meine öffentliche Anbetung oder meine private Anbetung? Was werde ich konkret verändern?

Gott freut sich, wenn unsere Anbetung auf die Wahrheit der Schrift gegründet ist, nicht auf unsere Vorstellungskraft. Gott freut sich auch, wenn unsere Anbetung von Herzen kommt. Da Sie als Ebenbild Gottes geschaffen sind, sind Sie ein Geist, der in einem Körper wohnt, und Gott hat Ihren Geist so konstruiert, dass er mit ihm kommunizieren kann. Anbetung geschieht, wenn unser Geist mit Gottes Geist in Verbindung tritt.

»Wir wollen Gott von Herzen danken und ihm voller Ehrfurcht dienen, damit er Freude an uns hat.«
Hebräer 12,28; Hfa

Gott freut sich, wenn unsere Anbetung durchdacht ist. Lesen Sie doch die Bibel in verschiedenen Übersetzungen. Das wird Ihre Möglichkeiten erweitern, Gott anzubeten. Versuchen Sie einmal, Gott anzubeten, ohne die klassischen Worte »Halleluja«, »Dank«, »Lob« und »Amen« zu verwenden. Statt zu sagen: »Herr, wir wollen dich einfach loben«, versuchen Sie doch einmal, neue Worte und Synonyme zu finden, um Ihre Liebe auszudrücken, wie etwa »bewundern«, »achten«, »wertschätzen«, »verehren«, »Ehre geben« und »schätzen«. *Seien Sie auch konkret*. Vermutlich bekämen auch Sie lieber zwei ganz konkrete Komplimente als 20 Verallgemeinerungen. Bei Gott ist es genauso. Eine andere Möglichkeit besteht darin, eine Liste der verschiedenen Namen Gottes zu erstellen und sich mit ihrer Hilfe auf Gott zu konzentrieren. Gottes Namen sind nicht willkürlich, sie verraten uns viel über seinen Charakter. Und er fordert auch uns auf, seinen Namen zu preisen.

Gott freut sich, wenn unsere Anbetung praktische Folgen hat. Echte Anbetung kostet uns etwas. Zunächst kostet uns Anbetung unseren Egoismus. Sie können Gott nicht anbeten und gleichzeitig für sich selbst leben. Sie beten nicht an, um von anderen gesehen zu werden. Sie wenden Ihren Blick bewusst von sich selbst weg und richten ihn auf Gott. Als Jesus sagte, dass wir Gott mit all unserer Kraft lieben sollen, hat er darauf hingewiesen, dass diese Liebe Anstrengung und Energie kostet. Anbetung ist nicht immer bequem und angenehm, manchmal ist sie hart und ein reiner Akt des Willens – ein Opfer.

»Ich möchte dem Herrn, meinem Gott, nicht ein Opfer darbringen, das mich nichts gekostet hat.«
2. Samuel 24,24; Hfa

»Vom Aufgang der Sonne bis zu ihrem Niedergang sei gelobet der Name des Herrn!«
Psalm 113,1; LÜ

Gott freut sich, wenn unsere Anbetung beständig ist. Anbetung sollte das Erste sein, was Sie tun, wenn Sie morgens Ihre Augen öffnen, und das Letzte, wenn Sie Ihre Augen abends schließen. Anbetung ist nicht ein *Teil* Ihres Lebens – Anbetung *ist* Ihr Leben. Jede Aktivität kann zur Anbetung werden, wenn wir sie tun, um damit Gott die Ehre zu geben.

Anbetung ist unser erstes Lebensziel. Sie ist unsere größte Verantwortung, unser höchstes Privileg und sollte wichtiger sein als alles andere in unserem Leben.

Vater, ich möchte heute meine Beziehung zu dir pflegen – möchte dich heute von ganzem Herzen, von ganzer Seele, von ganzem Gemüt und mit all meiner Kraft lieben und dir Freude bereiten.
Hilf mir, dazu den einzigartigen Weg zu finden und zu pflegen, den du eigens für mich geschaffen hast.

14. Tag

Wenn Gott weit entfernt scheint

»Niemals werde ich dir meine Hilfe entziehen, nie dich im Stich lassen.«
Hebräer 13,5; GN

Ein Gedanke zum Mitnehmen: Gott ist real, egal, wie es mir geht.

Eine Frage zum Nachdenken: Wie kann ich mich auf die Gegenwart Gottes konzentrieren, vor allem wenn Gott weit entfernt zu sein scheint?

Freundschaften werden oft durch Zeiten der Trennung oder durch kommunikationsarme Phasen auf die Probe gestellt. In Ihrer Freundschaft mit Gott werden Sie manchmal das Gefühl haben, dass er unendlich weit weg ist. Die höchste Stufe der Anbetung haben Sie erreicht, wenn Sie Gott inmitten von Leid loben, wenn Sie ihm im Angesicht von Schmerz und Not danken, wenn Sie ihm inmitten von Versuchungen vertrauen, wenn Sie sich ihm inmitten von Leid hingeben und wenn Sie ihn lieben, wenn er weit entfernt zu sein scheint.

»Zu jeder Beziehung gehören Zeiten der Nähe und der Distanz, und auch in einer Beziehung zu Gott, wie intensiv sie auch sein mag, wird das Pendel von einer Seite zur anderen schwingen.«
Philipp Yancey

Gott versprach immer wieder: »Niemals werde ich dir meine Hilfe entziehen, nie dich im Stich lassen« (Hebräer 13,5; GN). Allerdings versprach Gott *nicht*, dass wir seine Nähe immer spüren. Ja, Gott sagt sogar, dass er manchmal sein Angesicht vor uns verbirgt. Es gibt Zeiten, in denen er abwesend zu sein scheint. Diese Erfahrungen sind ein normaler Teil des Wachstumsprozesses Ihrer Freundschaft mit Gott. *Jeder* Christ macht solche Phasen durch – mindestens einmal und häufig sogar öfter. Sie sind schmerzhaft und beunruhigend, aber absolut notwendig für die Entwicklung Ihres Glaubens.

Ihr Glaube wächst, wenn Sie nichts fühlen und trotzdem an Gott festhalten.

Gottes Allgegenwart und die erkennbaren Zeichen seiner Gegenwart sind zwei verschiedene Dinge. Das eine ist eine Tatsache, das andere sind oft Gefühle. Gott ist immer da, auch wenn wir uns dessen nicht bewusst sind. Seine Gegenwart ist viel umfassender, als dass sie sich rein mit Gefühlen erfassen ließe. Er will zwar, dass Sie seine Gegenwart spüren, aber es ist ihm wichtiger, dass Sie ihm vertrauen, als dass Sie ihn fühlen. Glaube, nicht Gefühle, macht Gott Freude.

»Dann fiel er zu Boden und betete: ›Nackt bin ich zur Welt gekommen und nackt verlasse ich sie wieder. Herr, du hast mir alles gegeben, du hast mir alles genommen, dich will ich preisen.‹«
Hiob 1,20; Hfa

Wie können Sie Gott noch loben, wenn Sie nicht mehr verstehen, was in Ihrem Leben passiert, und Gott dazu schweigt? Tun Sie, was Hiob getan hat:

- Sagen Sie Gott genau, wie Sie sich fühlen.
- Konzentrieren Sie sich auf das unveränderliche Wesen Gottes.
- Vertrauen Sie darauf, dass Gott seine Zusagen hält.
- Erinnern Sie sich daran, was Gott schon für Sie getan hat.

Wenn Sie das Gefühl haben, dass Gott Sie verlassen hat, und Sie ihm dennoch vertrauen, ist das Anbetung in ihrer höchsten Form.

Gott, wenn ich deine Stimme nicht höre
oder deine Gegenwart nicht spüre, dann hilf mir,
mich nach dir auszustrecken und nicht nach einem Gefühl.
Erinnere mich auch an dein Versprechen,
dass du mir niemals deine Hilfe entziehen
noch mich im Stich lassen wirst.

2. Lebensziel:

Sie wurden als Teil von Gottes Familie erschaffen

15. Tag

Gedacht als Teil von Gottes Familie

»Ja, seine eigenen Kinder sollen wir werden, durch seinen Sohn Jesus Christus. Das hat Gott schon damals aus Liebe zu uns beschlossen.«
Epheser 1,5; Hfa

Ein Gedanke zum Mitnehmen: Ich wurde erschaffen, um ein Teil der Familie Gottes zu sein.

Eine Frage zum Nachdenken: Wie kann ich anfangen, andere Christen wie Familienmitglieder zu behandeln?

Gott wünscht sich eine Familie und Sie sollen ein Teil davon sein. Diese Vision hatte Gott schon vor Ihrer Geburt für Ihr Leben. Die gesamte Bibel erzählt davon, wie Gott eine Familie aufbaut, die ihn liebt, ehrt und mit ihm in Ewigkeit herrschen wird.

»Ja, seine eigenen Kinder sollen wir werden, durch seinen Sohn Jesus Christus. Das hat Gott schon damals aus Liebe zu uns beschlossen.«
Epheser 1,5; Hfa

In dem Moment, in dem Sie geistlich in die Familie Gottes hineingeboren wurden, haben Sie eine Reihe von besonderen Geburtstagsgeschenken bekommen: einen Familiennamen, die Familienähn-lichkeit, die Vorrechte dieser Familie, den vertrauten Umgang mit anderen Familienangehörigen und das Familienerbe. Als Kinder Gottes haben wir Anteil an den Reichtümern der Familie. Hier auf dieser Erde erhalten wir die Reichtümer seiner Gnade, seiner Freundlichkeit, seiner Geduld, seiner Herrlichkeit, seiner Weisheit, seiner Kraft und seiner Barmherzigkeit (Epheser 1,7; Römer 2,4; 9,23; 11,33; Epheser 3,16; 2,4). Aber wir werden auch ewiges Leben erhalten. Was für ein Erbe! Sie sind viel reicher, als Sie sich dies erträumen.

»Es ist die Hoffnung auf ein ewiges, von keiner Sünde beschmutztes und unzerstörbares Erbe, das Gott in seinem Reich für euch bereithält.«
1. Petrus 1,4; Hfa

»Jetzt haben sie alle den einen Vater: sowohl Christus,
der die Menschen in die Gemeinschaft mit Gott führt,
als auch die Menschen, die durch Christus zu Gott geführt werden.
Darum schämt sich Christus nicht, sie seine Brüder zu nennen.«
Hebräer 2,11; Hfa

Weil Sie durch Jesu Tat heilig gemacht sind, ist der Vater stolz auf Sie. Zur Familie Gottes zu gehören ist die größte Ehre und das größte Privileg, das Sie jemals in Ihrem Leben bekommen werden. Nichts ist damit vergleichbar. Warum halten Sie nicht einmal kurz inne und danken Gott dafür, dass Sie Teil seiner Familie sein dürfen?

Gott, ich danke dir dafür, dass ich für immer
ein Teil deiner Familie sein darf!
Was für ein unglaubliches Privileg!
Hilf mir, deine Gemeinde niemals
für selbstverständlich zu halten.

16. Tag
Was wirklich zählt

»Denn das ganze Gesetz ist erfüllt in dem einen Wort: Liebe deinen Nächsten wie dich selbst.«
Galater 5,14; LÜ

Ein Gedanke zum Mitnehmen: Im Leben dreht sich alles um Liebe.

Eine Frage zum Nachdenken: Haben Beziehungen für mich die höchste Priorität? Wie kann ich sicherstellen, dass sie es wirklich haben?

Weil Gott Liebe ist, möchte er Ihnen vor allem beibringen, wie Sie lieben können. Wenn wir lieben, sind wir ihm am ähnlichsten, und deshalb ist die Liebe auch die Grundlage aller Gebote, die er uns gegeben hat. Natürlich wäre es Gott am liebsten, dass wir jeden lieben, aber ihm ist *besonders wichtig*, dass wir die anderen Mitglieder seiner Familie lieben lernen. Dies ist unser zweites Lebensziel – Gemeinschaft. Jesus sagte, dass unsere Liebe untereinander – nicht unsere reine Lehre – unser größtes Zeugnis für diese Welt ist.

»Wenn ich aber keine Liebe habe, dann nützt mir alles nichts.«
1. Korinther 13,3; GN

Sie nutzen Ihr Leben am besten, wenn Sie Gott und andere lieben. Liebe sollte die höchste Priorität in unserem Leben haben, sie sollte unser wichtigstes Ziel sein, und wir sollten unseren ganzen Ehrgeiz in sie setzen. Liebe macht nicht nur einen *guten* Teil unseres Lebens aus, sondern den *wichtigsten* Teil. Es reicht nicht aus zu sagen: »*Eines* der Dinge, die ich im Leben erreichen möchte, ist, ein liebevoller Mensch zu werden« – als ob die Liebe einer der Punkte auf Ihrer Top-Ten-Liste sei. Beziehungen sollten in Ihrem Leben Priorität vor allen anderen Dingen haben. Warum? Gott nennt uns drei Gründe: Ein Leben ohne Liebe ist wertlos, Liebe hat ewig Bestand und wir werden in der Ewigkeit an unserem »Liebespegel« beurteilt werden. Jesus fasste das, was Gott am wichtigsten ist, in zwei Aussagen zusammen: Liebt Gott und liebt die Menschen.

»Die Liebe soll euer höchstes Ziel sein.«
1. Korinther 14,1; Hfa

»Meine Kinder, unsere Liebe darf nicht nur aus schönen Worten bestehen. Sie muss sich in Taten zeigen, die der Wahrheit entsprechen.«
1. Johannes 3,18; GN

Der beste Ausdruck von Liebe ist Zeit. Zeit ist Ihr wertvollstes Geschenk, weil Sie nur eine begrenzte Menge davon haben. Sie können mehr Geld verdienen, aber Sie können nicht mehr Zeit verdienen. Wenn Sie jemandem Ihre Zeit opfern, dann geben Sie ihm einen Teil Ihres Lebens, den Sie niemals wiederbekommen. Ihr Leben ist die Zeit, die Sie zur Verfügung haben. Deshalb ist Zeit das größte Geschenk, das Sie einem Menschen machen können. Wann immer Sie etwas von Ihrer Zeit geben, geben Sie ein Opfer, und sich zu opfern, ist das wahre Wesen der Liebe.

»Solange uns noch Zeit bleibt, wollen wir allen Menschen Gutes tun, besonders aber denen, die mit uns an Jesus Christus glauben.«
Galater 6,10; Hfa

Der beste Zeitpunkt, um Liebe zu geben, ist jetzt. Sie wissen nie, wie lange Sie noch die Gelegenheit dazu haben werden. Die Umstände verändern sich. Menschen sterben. Kinder werden groß. Niemand garantiert Ihnen, dass Sie den morgigen Tag noch erleben. Wenn Sie anderen Menschen Ihre Liebe zeigen wollen, dann tun Sie es jetzt.

Vater, hilf mir, nie zu vergessen,
dass sich im Leben alles um die Liebe dreht.
Ich möchte mir heute Zeit nehmen und
die Menschen lieben, die mir begegnen.
Erinnere mich daran, dass es nie Zeitverschwendung ist,
andere zu lieben. Lehre mich, auch die zu lieben,
die vermeintlich nicht liebenswert sind, und gib ihnen,
was sie brauchen, nicht, was sie verdienen.

17. Tag
Ein Ort, an dem man dazugehört

»Gemeinsam bilden wir alle den Leib Christi – die Gemeinde – und jeder Einzelne ist auf die anderen angewiesen.«
Römer 12,5; Hfa

Ein Gedanke zum Mitnehmen: Ich bin zur Gemeinschaft berufen.

Eine Frage zum Nachdenken: Macht der Grad meines Engagements in meiner Gemeinde deutlich, dass ich die Familie Gottes liebe und mich an sie hingebe?

Sogar in der vollkommenen, sündlosen Umgebung des Garten Eden sagte Gott: »Es ist nicht gut, dass der Mensch alleine sei« (Genesis 2,18; LÜ). Wir sind für die Gemeinschaft geschaffen, geformt für das Miteinander, gestaltet für das Leben in einer Familie und keiner von uns kann als Einzelkämpfer die Ziele Gottes erreichen. Auch wenn Ihre Beziehung zu Jesus Christus sehr persönlich ist, sollte sie niemals eine reine Privatsache sein. In Gottes Familie sind wir miteinander verbunden und gehören für alle Ewigkeit zusammen: »[...] ihr gehört jetzt als Bürger zum Volk Gottes, ja sogar zu seiner Familie« (Epheser 2,19; Hfa).

Für Paulus bedeutet »Mitglied zu sein«, ein vitales Organ an einem lebendigen Körper zu sein, ein unverzichtbares und fest verbundenes Teil am Leib Christi. Wir müssen die biblische Bedeutung der Mitgliedschaft wiederentdecken und praktizieren. Die Gemeinde ist ein lebendiger Körper, kein Gebäude; ein Organismus, keine Organisation. Sie wurden für eine besondere Aufgabe erschaffen, aber Sie werden diesen zweiten Auftrag Gottes für Ihr Leben nicht erfüllen, wenn Sie nicht fest zu einer lebendigen Ortsgemeinde gehören. Wir entdecken unsere Rolle im Leben durch die Beziehungen zu anderen Menschen und finden unsere Bedeutung nicht in uns selbst, sondern indem wir ein Teil des Leibes Jesu sind.

Die Ortsgemeinde ist die Schule, in der wir lernen können, in der Familie Gottes zurechtzukommen. Sie ist der Ort, an dem wir selbstlose Liebe und gegenseitige Annahme praktizieren können. Nur im regelmäßigen Kontakt mit anderen ganz normalen, unvollkommenen Christen können wir echte Gemeinschaft erfahren und die neutestamentliche Wahrheit des *Miteinander-Verbunden-seins* und *Voneinander-Abhängig-seins* erkennen. Biblische Gemeinschaft lebt davon, dass wir einander so verbunden sind, wie wir mit Jesus Christus verbunden sind. Wenn wir in Liebe als Gemeindefamilie aus unterschiedlichen sozialen Schichten und ethnischen Kulturen zusammenkommen, dann ist das ein ausdrucksstarkes Zeugnis für diese Welt.

»An eurer Liebe zueinander werden alle erkennen, dass ihr meine Jünger seid.«
Johannes 13,35; GN

Sie benötigen ein Ziel, für das Sie leben können; Menschen, mit denen Sie leben können; Prinzipien, nach denen Sie leben können; eine Berufung, die Sie ausleben können; und Kraft, durch die Sie leben können. Es gibt keinen anderen Platz auf dieser Erde, der alle fünf Bedürfnisse erfüllt, als die Ortsgemeinde. Gottes Absichten für seine Gemeinde sind darüber hinaus identisch mit seinen Lebensaufträgen für Sie: Anbetung hilft Ihnen, *sich auf Gott zu konzentrieren*. Gemeinschaft hilft Ihnen, *die Probleme des Lebens zu bewältigen*. Nachfolge hilft Ihnen, *Ihren Glauben zu festigen*. Ihr Dienst hilft Ihnen, *Ihre Begabungen zu erkennen*. Evangelisation hilft Ihnen, *Ihren Auftrag zu erfüllen*. Nichts auf dieser Welt ist mit der Gemeinde Jesu vergleichbar!

Lieber Gott, hilf mir, nicht zu vergessen,
dass ich mich im Grunde auch von dir entferne,
wenn ich mich nicht um die Gemeinschaft
mit meinen Brüdern und Schwestern bemühe.
Vergib mir, wenn ich mich von deinem Leib entfernt habe,
der Gemeinde Jesu.
Hilf mir, mit ihr verbunden und an sie hingegeben zu sein
und sie so zu lieben, wie du sie liebst.

18. Tag

Gemeinsam leben

»Helft einander, eure Lasten zu tragen; so erfüllt ihr das Gesetz, welches uns Christus gibt.«
Galater 6,2; GN

Ein Gedanke zum Mitnehmen: Ich brauche andere Menschen in meinem Leben.

Eine Frage zum Nachdenken: Welchen Schritt könnte ich heute gehen, um mit anderen Christen auf einer tieferen, aufrichtigeren Ebene in Kontakt zu kommen?

Nach Gottes Vorstellung sollen wir unser Leben gemeinsam leben und erleben. Die Bibel nennt diese gemeinsame Erfahrung »*Gemeinschaft*«. Dazu gehören selbstlose Liebe, ehrliches Sich-Mitteilen, praktischer Dienst, opferndes Geben, mitfühlendes Trösten und alle anderen *Einander-Gebote*, die sich im Neuen Testament finden. Wenn wir über Gemeinschaft reden, dann ist Größe wichtig. Und hier gilt: je kleiner, desto besser. Man kann mit einer großen Menge Gottesdienste feiern, aber man kann nur in einer kleinen Gruppe echte Gemeinschaft erfahren.

In echter Gemeinschaft erlebt man Authentizität. Authentische Gemeinschaft ist nicht oberflächlicher Smalltalk. Sie ist ein aufrichtiges Mitteilen von Herz zu Herz, das manchmal auch etwas Mut erfordert. Sie ereignet sich, wenn Menschen über ihre Verletzungen reden, ihre Gefühle nicht mehr verstecken, ihr Versagen bekennen, ihre Zweifel und Ängste zugeben und ihre Schwächen nicht mehr verheimlichen, sondern um Hilfe und Gebet bitten. Natürlich brauchen wir sowohl Mut als auch Demut, um Echtheit zu wagen. Es bedeutet, dass wir unserer Angst vor Ablehnung und erneuter Verletzung offen begegnen. Warum sollte irgendjemand das wagen? Weil es der einzige Weg ist, um geistlich und emotional gesund zu werden und zu wachsen.

»Überhaupt sollt ihr einander eure Verfehlungen bekennen und füreinander beten, damit ihr geheilt werdet.«
Jakobus 5,16; GN

In echter Gemeinschaft erfahren wir Gegenseitigkeit und Mitgefühl. Gegenseitigkeit ist die Kunst, zu geben und zu bekommen. Es bedeutet, voneinander abhängig zu sein. Gegenseitigkeit macht den Kern echter Gemeinschaft aus: gegenseitige Beziehungen aufbauen, Verantwortung teilen und einander helfen. Mitgefühl heißt, sich auf den anderen einzulassen und seinen Schmerz zu teilen. Mitgefühl begegnet zwei grundlegenden menschlichen Bedürfnissen: dem Bedürfnis, verstanden zu werden, und dem Bedürfnis, eine Bestätigung der eigenen Gefühle zu bekommen. Jedes Mal, wenn Sie die Gefühle des anderen verstehen und bestätigen, bauen Sie Gemeinschaft auf.

»Helft einander, eure Lasten zu tragen; so erfüllt ihr das Gesetz, welches uns Christus gibt.«
Galater 6,2; GN

»Wie schön und angenehm ist es, wenn Brüder in Frieden zusammenleben.«
Psalm 133,1; Hfa

In echter Gemeinschaft erfahren wir Barmherzigkeit. Gemeinschaft ist ein Ort der Gnade, wo Fehler nicht noch betont, sondern vergeben werden. Gemeinschaft und Vergebung gehören zusammen. Weil wir sündige und unvollkommene Menschen sind, verletzen wir uns unausweichlich, wenn wir nur lange genug zusammen sind. Manchmal geschieht dies absichtlich, manchmal auch unabsichtlich. Aber so oder so, es braucht große Mengen an Barmherzigkeit und Gnade, um Gemeinschaft zu schaffen und zu erhalten. Gemeinschaft geschieht, wenn die Barmherzigkeit über die Gerechtigkeit siegt.

Vater, gebrauche mich, um in meiner Gemeinde echte Gemeinschaft zu bauen. Hilf mir, authentisch zu anderen zu sein und keine Maske zu tragen. Lehre mich, wie ich Menschen, die verletzt sind, Mitgefühl entgegenbringen kann und Barmherzigkeit denen, die gestolpert sind.

19. Tag
Gemeinschaft fördern

»Christus gab sein Leben für uns hin; daran haben wir erkannt, was Liebe ist. Auch wir müssen deshalb unser Leben für unsere Brüder und Schwestern einsetzen.«
1. Johannes 3,16; GN

Ein Gedanke zum Mitnehmen: Gemeinschaft verlangt persönlichen Einsatz.

Eine Frage zum Nachdenken: Wie kann ich dazu beitragen, die Kennzeichen echter Gemeinschaft in meiner Kleingruppe und Gemeinde zu fördern?

Wenn Sie in Ihrer Gemeinde oder Kleingruppe echte Gemeinschaft aufbauen wollen, dann müssen Sie sich um die folgenden fünf Dinge bemühen: ehrlich zu sein, demütig zu sein, freundlich zu sein, Vertrauen zu wahren und regelmäßigen Kontakt mit anderen zu haben. Echte Gemeinschaft bedeutet, Zeit und Anstrengungen zu investieren, aber die Vorteile, die es mit sich bringt, wenn man auf diese Weise das Leben miteinander teilt, sind so groß, dass sie die Kosten leicht aufwiegen. Und Jesus möchte von uns, dass wir einander lieben, wie er auch uns liebt.

»Nur wer selber Frieden schafft, wird erfahren, dass seine Gerechtigkeit und Friedfertigkeit Früchte tragen.«
Jakobus 3,18; Hfa

Bemühen Sie sich darum, demütig und freundlich zu sein. Demut ist das Öl, das Beziehungen reibungsloser und runder laufen lässt. Deshalb rät Petrus: »Hütet euch vor Überheblichkeit und Hochmut« (1. Petrus 5,5; Hfa). Freundlichkeit bedeutet, Unterschiede zu respektieren, die Gefühle des anderen im Blick zu haben und mit Menschen Geduld zu haben, über die wir uns ärgern. Dies hob Paulus hervor, als er an Titus schrieb: »Ermahne sie [...], friedfertig zu sein und allen Menschen freundlich zu begegnen« (Titus 3,2; GN). Es ist eine Tatsache, dass wir alle unsere Ecken und Kanten haben. Aber Gemeinschaft fragt nicht danach, ob wir zusammenpassen. Die Grundlage für unsere Gemeinschaft ist unsere Beziehung zu Gott. Deshalb sind wir eine Familie.

»Einige haben es sich angewöhnt, den Gemeindeversammlungen fernzubleiben. Das ist nicht gut; vielmehr sollt ihr einander Mut machen.«
Hebräer 10,25; GN

Echte Gemeinschaft zu fördern, erfordert Vertraulichkeit. Nur in der sicheren Umgebung von Akzeptanz und Vertrautheit können sich Menschen öffnen und ihre tiefsten Verletzungen, Nöte, Fehler und Bedürfnisse offen legen. Vertraulichkeit bedeutet, dass das, was in der Gruppe besprochen wird, auch um jeden Preis in der Gruppe bleibt und nicht nach außen getragen wird. Gemeinschaft zu fördern, erfordert auch einen festen Rhythmus. Sie brauchen regelmäßigen Kontakt mit Ihrer Gruppe, um echte Gemeinschaft aufzubauen. Beziehungen brauchen Zeit.

Gott, ich möchte keine oberflächlichen Beziehungen
mit anderen Gläubigen.
Hilf mir, den Kontakt zu einer kleinen Gruppe
von Christen in meiner Gemeinde aufzubauen,
in der ich lernen kann,
was wahre zwischenmenschliche Liebe wirklich ist.

20. Tag
Zerbrochene Gemeinschaft heilen

»So weit es möglich ist und auf euch ankommt, lebt mit allen Menschen in Frieden.«
Römer 12,18; GN

Ein Gedanke zum Mitnehmen: Es lohnt sich, Beziehungen wiederherzustellen.

Eine Frage zum Nachdenken: Welche zerbrochene Beziehung muss ich heute anfangen wiederherzustellen?

Jesus sagte: »Glücklich sind die, die Frieden stiften, denn Gott wird sie seine Kinder nennen« (Matthäus 5,9; Hfa). Wenn Sie Gottes Segen in Ihrem Leben spüren und als Kind Gottes gelten wollen, müssen Sie lernen, Frieden zu schaffen. Da Sie Teil der Familie Gottes sind und das zweite Lebensziel für Ihr Leben lautet, lieben zu lernen und mit anderen Menschen in Beziehung zu leben, gehört die Fähigkeit, Frieden zu stiften, zu den wichtigsten Fähigkeiten, die Sie lernen können. Als Christen ist uns von Gott der »Dienst der Versöhnung aufgetragen« (2. Korinther 5,18).

Frieden zu stiften bedeutet nicht, *Konflikte zu meiden.* Jesus, der Friedefürst, hatte keine Angst vor Konflikten. Es gab sogar Situationen, in denen er Konflikte um der anderen willen bewusst *provozierte.* Manchmal ist es wichtig, Konflikte zu meiden, manchmal müssen wir sie provozieren, manchmal müssen wir sie lösen. Deshalb müssen wir den Heiligen Geist um ständige Führung bitten. Frieden zu stiften bedeutet auch nicht, immer *Zugeständnisse zu machen.* Immer nur nachzugeben, immer nur ausgenutzt oder überrannt zu werden, ist nicht das, was Jesus meinte. Er weigerte sich in vielen Situationen, auch nur einen Fußbreit nachzugeben, und beharrte auf seiner Position.

»All dies verdanken wir Gott, der durch Christus mit uns Frieden geschlossen hat. Er hat uns beauftragt, diese Botschaft überall zu verkünden.«
2. Korinther 5,18; Hfa

Die folgenden sieben biblischen Schritte sollen Ihnen dabei helfen, Beziehungen zu heilen und Gemeinschaft wiederherzustellen:

1. Sprechen Sie mit Gott, bevor Sie mit den betroffenen Personen sprechen.
2. Ergreifen Sie immer die Initiative.
3. Versuchen Sie, die Gefühle des anderen zu verstehen.
4. Bekennen Sie Ihren Anteil am Konflikt.
5. Attackieren Sie das Problem und nicht die Person.
6. Kooperieren Sie so weit wie möglich.
7. Betonen Sie die Versöhnung, nicht die Lösung.

Mit wem sollten Sie auf Grund des Gelesenen Kontakt aufnehmen? Mit wem müssen Sie Kontakt aufnehmen, um eine Beziehung wieder in Ordnung zu bringen? Schieben Sie die Sache nicht auf. Halten Sie gleich jetzt inne und sprechen Sie mit Gott über diese Person. Greifen Sie dann zum Telefon und gehen Sie den Versöhnungsprozess an. Die oben beschriebenen sieben Schritte klingen einfach, sind aber nicht immer einfach umzusetzen. Es kostet viel Kraft und Energie, um eine Beziehung wiederherzustellen. Deshalb sagte Petrus: »Er mühe sich mit aller Kraft darum, mit allen Menschen in Frieden zu leben« (1. Petrus 3,11; GN). Wer Frieden stiftet, tut das, was Gott auch tut. Deshalb nennt Gott die Menschen seine Kinder, die Frieden stiften.

Vater, zeig mir, wie ich eine zerbrochene Beziehung wiederherstellen kann.
Ich brauche Weisheit, Demut, Liebe und den Mut, das Richtige zu tun und den ersten Schritt zur Wiederherstellung der Beziehung zu gehen.

21. Tag
Die Gemeinde bewahren

»Darum wollen wir uns mit allen Kräften darum bemühen, in Frieden zu leben, und einander helfen, im Glauben zu wachsen.«
Römer 14,19; Hfa

Ein Gedanke zum Mitnehmen: Es liegt in meiner Verantwortung, die Einheit der Gemeinde zu bewahren und zu fördern.

Eine Frage zum Nachdenken: Was tue ich persönlich, um die Einheit meiner Gemeindefamilie zu schützen und zu fördern?

Gott liebt Einheit. Gott sehnt sich danach, dass wir miteinander *Einheit* und Harmonie erfahren. Das überragende Vorbild für Einheit ist die Trinität, und Gott möchte, dass auch wir in Einheit miteinander leben. Wie alle Eltern freut sich auch Gott, wenn er sieht, dass seine Kinder gut miteinander auskommen. In den letzten Stunden vor seiner Verhaftung betete Jesus leidenschaftlich für die Einheit seiner Gemeinde. Und der Heilige Geist ist derjenige, der uns in Liebe miteinander vereint.

»All die vielen Menschen, die zum Glauben an Jesus gefunden hatten, waren ein Herz und eine Seele. [...] alles, was sie besaßen, gehörte ihnen gemeinsam.«
Apostelgeschichte 4,32; GN

Nichts auf der Welt liegt Gott mehr am Herzen als seine Familie – die Kirche. Er bezahlte den höchstmöglichen Preis dafür und will, dass sie bewahrt wird. Wenn Sie ein Kind Gottes sind, ist es Ihre Aufgabe, die Einheit Ihrer Gemeinde zu bewahren. Sie sind von Jesus Christus berufen, alles zu tun, was in Ihrer Macht steht, um die Einheit zu wahren, die Gemeinschaft zu schützen und das liebevolle Miteinander in der Gemeindefamilie und unter allen Christen zu fördern.

»Setzt alles daran, dass die Einheit – wie sie der Heilige Geist schenkt – nicht durch Unfrieden zerstört wird.«
Epheser 4,3; Hfa

Hier sind ein paar praktische Tipps, wie Sie die Einheit wahren können:

- Konzentrieren Sie sich auf die Gemeinsamkeiten, nicht auf die Unterschiede.
- Seien Sie in Ihren Erwartungen realistisch.
- Entscheiden Sie sich, zu ermutigen statt zu kritisieren.
- Weigern Sie sich, auf Klatsch und Tratsch zu hören.
- Wenden Sie Gottes Methoden an, um Konflikte zu lösen.
- Unterstützen Sie Ihre Pastoren und Leiter.
- Übernehmen Sie Ihre Verantwortung.

»Wenn dein Bruder – und das gilt entsprechend für die Schwester – ein Unrecht begangen hat, dann geh hin und stell ihn unter vier Augen zur Rede. Wenn er mit sich reden lässt, hast du ihn zurückgewonnen. Wenn er aber nicht auf dich hört, dann geh wieder hin, diesmal mit ein oder zwei anderen; denn jede Sache soll ja auf Grund der Aussagen von zwei oder drei Zeugen entschieden werden. Wenn er immer noch nicht hören will, dann bring die Angelegenheit vor die Gemeinde.«
Matthäus 18,15–17; GN

»Denkt dabei nicht an euch selbst, sondern an die anderen.«
1. Korinther 10,24; EÜ

Ich fordere Sie heraus, Ihre Verantwortung anzunehmen und die Einheit Ihrer Gemeinde zu bewahren und zu fördern. Setzen Sie sich mit ganzer Kraft ein. Gott wird sich darüber freuen. Aber es wird nicht immer einfach sein. Manchmal wird es bedeuten, dass Sie etwas tun, das für die ganze Gemeinde gut ist. Es wird bedeuten, dass Sie Ihre Bedürfnisse zurückstellen müssen. Aber das ist der Grund, aus dem Gott uns in die Gemeinschaft gestellt hat: da-mit wir dort lernen, unseren Blick auf andere zu richten und nicht auf uns selbst zu schauen. »Wir« statt »Ich«, und »Unser« statt »Mein«.

Vater, ich brauche deine Weisheit,
damit ich mich so verhalte,
dass ich die Einheit deiner Gemeinde schütze.
Hilf mir, Gerede zu vermeiden
und die Menschen stattdessen zu ermutigen.
Ich möchte jemand sein, der die Menschen eint,
und nicht jemand, der Spaltung hervorruft.

3. Lebensziel:

Sie wurden geschaffen, um Christus ähnlich zu werden

22. Tag
Geschaffen, um Christus ähnlich zu werden

»Wir alle sehen in Christus [...] die Herrlichkeit Gottes wie in einem Spiegel. Dabei werden wir selbst in das Spiegelbild verwandelt und bekommen mehr und mehr Anteil an der göttlichen Herrlichkeit.«
2. Korinther 3,18; GN

Ein Gedanke zum Mitnehmen: Ich wurde erschaffen, um Christus ähnlich zu werden.

Eine Frage zum Nachdenken: In welchem Bereich meines Lebens brauche ich die Kraft des Heiligen Geistes, um Jesus heute ähnlich zu sein?

Von Anfang an hatte Gott die Absicht, Sie seinem Sohn ähnlich zu machen. Dies ist Ihre Berufung und der dritte Auftrag für Ihr Leben. Wie sieht das vollständige Ebenbild Gottes aus? Wie Jesus Christus! Gottes eigentliches Ziel für Ihr Leben auf dieser Erde ist nicht Ihre Bequemlichkeit, sondern Ihre Charakterentwicklung.

»Sie alle, die Gott im Voraus ausgewählt hat, die hat er auch dazu bestimmt, seinem Sohn gleich zu werden. Nach dessen Bild sollen sie alle gestaltet werden, damit er der Erstgeborene unter vielen Brüdern und Schwestern ist.«
Römer 8,29; GN

Nur der Heilige Geist kann die Veränderungen herbeiführen, die nötig sind, um Gottes Willen für unser Leben Wirklichkeit werden zu lassen. Diesen Prozess, der unseren Charakter immer mehr an den Charakter Jesu annähert, bezeichnet man als *Heiligung.* Sie können nicht aus eigener Kraft so werden wie Jesus, sondern müssen auf den Heiligen Geist, der in Ihnen lebt, vertrauen und auf ihn hören. Der Heilige Geist wirkt mit seiner Kraft immer *in dem Moment,* in dem Sie im Glauben und Vertrauen auf Gott einen Schritt gehen. Gott wartet darauf, dass Sie den ersten Schritt tun. Daneben gebraucht Gott aber auch Worte, Menschen und Umstände, um uns zu formen. Gottes Wort gibt uns die *Wahrheit,* die wir brauchen, um zu wachsen; Gottes Familie gibt uns die *Unterstützung,* die wir brauchen, um zu wachsen; und die Umstände geben uns den *Lebensraum,* in dem wir unsere Christusähnlichkeit praktizieren können.

»Meine Lieben, wenn wir schon jetzt Kinder Gottes sind, was werden wir erst sein, wenn Christus wiederkommt. Dann werden wir ihm ähnlich sein und ihn sehen, wie er wirklich ist.«
1. Johannes 3,2; Hfa

Wie Christus zu werden ist ein langsamer und lange andauernder Prozess. Geistliches Wachstum vollzieht sich weder automatisch noch ist es sofort erreichbar. Es ist ein langsamer, sich stetig fortentwickelnder Prozess, der den Rest Ihres Lebens in Anspruch nehmen wird. Dieser Prozess ist erst dann vollendet, wenn Sie im Himmel sind oder wenn Jesus vorher wiederkommt. An diesem Punkt wird all das, was an Ihrem Charakter noch zu vollenden ist, in einem Augenblick beendet werden. Das ist unser größtes Privileg, unsere direkte Verantwortung und unser ultimatives Schicksal.

Jesus, ich möchte lernen, so wie du zu denken,
so wie du zu reden, das zu fühlen,
was auch du empfindest, und mich so zu verhalten,
wie auch du dich verhalten würdest.
Gebrauche deine Worte und deinen Geist,
damit ich dir ähnlicher werde.

23. Tag
Wie wir wachsen

»Lasst euch vielmehr von Gott umwandeln, damit euer ganzes Denken erneuert wird. Dann könnt ihr euch ein sicheres Urteil bilden, welches Verhalten dem Willen Gottes entspricht.«
Römer 12,2; GN

Ein Gedanke zum Mitnehmen: Es ist nie zu spät zu geistlichem Wachstum.

Eine Frage zum Nachdenken: In welchem Bereich meines Lebens muss ich aufhören, auf meine Art und Weise zu denken, und anfangen, wie Jesus zu denken?

Das Ziel Ihres himmlischen Vaters für Sie ist, dass Sie geistlich wachsen und immer mehr die Eigenschaften von Jesus Christus annehmen. Geistliches Wachstum vollzieht sich nicht automatisch. Es erfordert zielorientierten Einsatz. Sie müssen wachsen *wollen*, Sie müssen eine *Entscheidung* für geistliches Wachstum treffen, Sie müssen sich *bemühen* zu wachsen und Sie müssen in diesem Wachstumsprozess *durchhalten*. Jüngerschaft – das ist der Prozess, in dem Sie Christus ähnlicher werden – beginnt immer mit einer Entscheidung.

Wenn Sie sich ernsthaft dafür entschieden haben, Christus ähnlicher werden zu wollen, hat dies auch Konsequenzen für Ihr Handeln. Sie werden einige alte Gewohnheiten loslassen und dafür ganz bewusst neue Gewohnheiten und Denkweisen erlernen müssen.
Geistliches Wachstum hat zwei Seiten: das Werk im Inneren und das Werk von außen. Die »äußerliche Arbeit« liegt in Ihrer, die »Arbeit in Ihrem Inneren« in Gottes Verantwortung. Geistliches Wachstum entsteht aus der Zusammenarbeit zwischen Ihnen und dem Heiligen Geist.

»Arbeitet mit Furcht und Zittern an eurer Rettung. Und doch ist es Gott allein, der beides in euch bewirkt: Er schenkt euch den Willen und die Kraft, ihn auch so auszuführen, wie es ihm gefällt.«
Philipper 2,12–13; Hfa

»Lasst euch von Gott umwandeln, damit euer ganzes Denken erneuert wird.«
Römer 12,2; GN

Geistliches Wachstum fängt immer in der Erneuerung des Denkens an. Veränderung beginnt im Kopf. Ihr *Denken* bestimmt Ihr *Fühlen* und Ihr Fühlen bestimmt Ihr Handeln. Und um wie Jesus zu werden, müssen Sie anfangen, wie Jesus zu denken. Das Neue Testament nennt dies Umkehr. Das griechische Wort für Umkehr ist *metanoia* und bedeutet »Veränderung des Denkens«. Sie kehren um, wenn Sie Ihr Denken verändern und Gottes Denkweise annehmen: über Ihr Leben, Sünde, Gott, andere Menschen, das Leben, die Zukunft – einfach alles. Sie nehmen Jesu Blickwinkel und Perspektive an.

»Als ich noch ein Kind war, da redete, fühlte und dachte ich wie ein Kind. Als ich dann aber erwachsen war, habe ich die kindlichen Vorstellungen abgelegt.«
1. Korinther 13,11; GN

Wenn wir wie Jesus denken wollen, müssen zwei Vorbedingungen erfüllt sein: Erstens müssen wir unser *unreifes* Denken aufgeben. Unreifes Denken zeichnet sich dadurch aus, dass es ichbezogen und egoistisch ist. Der zweite Schritt besteht darin, *reif* und *erwachsen* denken zu lernen, also sich auf andere und nicht auf sich selbst zu konzentrieren. Die Fähigkeit, an andere zu denken, ist ein Zeichen für Christusähnlichkeit und ein Kennzeichen von geistlichem Wachstum. Diese Art des Denkens entspricht nicht unserer Natur und unserer Kultur. Sie ist schwierig und selten zu finden. Der einzige Weg, um diese Denkweise anzunehmen, besteht darin, dass wir unsere Gedanken mit dem Wort Gottes füllen.

Lieber Vater, ich möchte heute
mit deinem Heiligen Geist zusammenarbeiten,
wenn er in mir am Werk ist.
Hilf mir, deine Lehren anzunehmen
und in meinem Denken deinem Sohn Jesus
immer ähnlicher zu werden.

24. Tag

Verändert durch Wahrheit

»Wenn ihr an meinem Wort festhaltet und tut, was ich euch sage, dann gehört ihr wirklich zu mir.«
Johannes 8,31; Hfa

Ein Gedanke zum Mitnehmen: Die Wahrheit verändert mich.

Eine Frage zum Nachdenken: Was hat Gott Ihnen in seinem Wort schon gesagt, das Sie noch nicht umgesetzt haben?

Der Geist Gottes gebraucht das Wort Gottes, um uns dem Sohn Gottes immer ähnlicher zu machen. Um Christus ähnlicher zu werden, müssen wir unser Leben mit seinem Wort füllen. Gottes Wort ist unsere geistliche Nahrung, auf die wir *angewiesen* sind, um unseren Auftrag erfüllen zu können. Die Bibel ist unsere Milch, unser Brot, unsere feste Nahrung und unser süßer Nachtisch. Dieses Vier-Gänge-Menü des Heiligen Geistes garantiert uns Stärke und Wachstum. Für jemanden, der sich darum bemüht, Jesus nachzufolgen, muss eine regelmäßige Ernährung mit dem Wort Gottes höchste Priorität haben. Jesus nannte dies »in seinem Wort bleiben«.

»Der Mensch lebt nicht vom Brot allein, sondern von einem jeden Wort, das aus dem Munde Gottes geht.«
Matthäus 4,4; LÜ

Wenn wir in Gottes Wort bleiben wollen, dann fordert das von uns täglich drei Entscheidungen: Zunächst müssen wir die Autorität des Wortes Gottes akzeptieren. Sie können heute ein für alle Mal entscheiden, was die oberste Autorität in Ihrem Leben sein soll. Entscheiden Sie sich dafür, dass die Bibel für Sie immer das letzte Wort hat, egal, was Ihre Gefühle oder Ihr Verstand, was die Kultur oder die Tradition dazu sagen. Beschließen Sie noch heute, zuerst danach zu fragen, was das Wort Gottes zu einer Sache zu sagen hat, wenn Sie vor einer Entscheidung stehen. Beschließen Sie, dass Sie Gott unbedingt vertrauen wollen, wenn er etwas sagt, auch wenn Ihr Verstand oder Ihre Gefühle dagegen sprechen.

»Was Gott sagt, ist wahr und zuverlässig.«
Sprichwörter 30,5; GN

Weiterhin müssen Sie die Wahrheit von Gottes Wort zu einem Teil Ihres Lebens machen. Dazu stehen Ihnen fünf Wege offen:

1. *Nehmen Sie das Wort Gottes an.* Hören Sie es mit einem offenen Herzen und nehmen Sie es in Ihr Leben auf.
2. *Lesen Sie das Wort Gottes täglich.* So bleiben Sie in Reichweite von Gottes Stimme.
3. *Studieren Sie die Bibel.* Stellen Sie beim Studieren Fragen zum Text und notieren Sie eigene Einsichten.
4. *Lernen Sie Gottes Wort auswendig.* Dies hilft Ihnen, mit Versuchungen fertig zu werden, bessere Entscheidungen zu treffen, Stress abzubauen, Selbstbewusstsein aufzubauen, gute Ratschläge zu geben und Ihren Glauben fundiert weiterzugeben.
5. *Reflektieren Sie Gottes Wort täglich.* Keine andere Angewohnheit wird Ihr Leben mehr verändern und Sie Christus ähnlicher machen als das konzentrierte Nachdenken über Gottes Wort.

»Wenn ihr das eingesehen habt, dann handelt danach, und Gott wird euch segnen.«
Johannes 13,17; Hfa

Wenn wir in Gottes Wort bleiben wollen, dann müssen wir es auch in die Praxis umsetzen. Wir müssen »Täter des Wortes« werden (Jakobus 1,22). Gott segnet dort, wo wir seinem Wort gehorchen und es nicht nur hören. Der beste Weg, um ein Täter des Wortes zu werden, besteht darin, nach dem Lesen, der Reflexion oder dem Studium von Gottes Wort einen konkreten und praktischen Schritt zu seiner Umsetzung zu notieren. Machen Sie eine Gewohnheit daraus, genau aufzuschreiben, was Sie tun wollen.

»Die Bibel wurde uns nicht gegeben, um unser Wissen zu vermehren, sondern um unser Leben zu verändern.«
D. L. Moody

Vater, ich danke dir, dass du uns dein kraftvolles, lebensveränderndes Wort gegeben hast.
Ich möchte meine Gedanken mit deinen Worten durchtränken.
Hilf mir, mein Leben auf deine Wahrheit zu gründen.

25. Tag
Verändert durch Probleme

»Das eine aber wissen wir: Wer Gott liebt, dem dient alles, aber auch wirklich alles zu seinem Heil; denn dazu hat Gott ihn erwählt und berufen.«
Römer 8,28; Hfa

Ein Gedanke zum Mitnehmen: Gott gebraucht alle Umstände in meinem Leben.

Eine Frage zum Nachdenken: Welche schwierige Situation in meinem Leben hat den größten Wachstumsschub freigesetzt?

Gott verfolgt mit jedem Problem eine bestimmte Absicht. Sie werden in Ihrem Leben wahrscheinlich auf vier Arten von Problemen treffen:

- *Prüfungen* zwingen uns, unseren Blick auf Gott zu richten, und formen unseren Charakter. *Versuchungen* wollen uns von Gott wegziehen und unseren Charakter zerstören.
- *Verletzungen* sind Wunden, die uns durch die Sünden anderer zugefügt wurden.
- *Schwierigkeiten* sind gewöhnlich – aber nicht immer – die Konsequenzen unserer eigenen sündhaften Entscheidungen.

Wenn Sie mit einem Problem konfrontiert sind, dann sollten Sie zuerst die Ursache dafür herausfinden. Wenn Sie die Schuld daran tragen, sollten Sie Gott um *Vergebung bitten* und Ihr *Verhalten ändern*. Handelt es sich dabei um eine Versuchung vom Satan, dann sollten Sie ihr *widerstehen*. Ist die Verletzung auf eine andere Person zurückzuführen, dann sollten Sie ihr *vergeben*. Aber wenn es sich bei dem Problem um eine Prüfung Gottes handelt, dann können Sie sich *entspannen* und darauf vertrauen, dass Gott Sie schon hindurchtragen wird. Unabhängig von der Ursache Ihrer Probleme geschieht nichts ohne die Erlaubnis Gottes. Alles, was einem Kind Gottes passiert, ist vom *Vater* sozusagen *gefiltert*, und er beabsichtigt, es zum Guten zu nutzen.

»Was wir jetzt leiden müssen, dauert nicht lange und ist leicht zu ertragen, wenn wir bedenken, welch unendliche, unvorstellbare Herrlichkeit uns erwartet.«
2. Korinther 4,17; Hfa

Da es Gottes Ziel ist, Sie zu einem Abbild Jesu zu machen, dient alles in Ihrem Leben diesem einen Zweck. Sie sollen geistlich wachsen, Gott soll verherrlicht werden und sein Plan wird ohne Zweifel Erfolg haben. Der Verfasser des Hebräerbriefes wies darauf hin, als er von Jesus sagte: »Auch Jesus, der Sohn Gottes, musste durch sein Leiden erkennen, was Gehorsam heißt« (Hebräer 5,8; Hfa). Wir wachsen auf die gleiche Weise und Jesus ist unser Vorbild. Warum sollte Gott uns die Dinge ersparen, die er seinem Sohn nicht erspart hat? »Und leiden wir jetzt mit Christus, so werden wir auch einmal seine Herrlichkeit teilen« (Römer 8,17; Hfa).

Tröstender Gott, lass mich niemals vergessen,
dass du mit den Problemen, mit denen ich konfrontiert werde,
ein liebevolles Ziel verfolgst.
Hilf mir, Problemen so zu begegnen, wie Jesus dies tun würde.
Forme meinen Charakter durch die Lebensumstände.
Hilf mir, in all meinem Schmerz deinen Zielen zu vertrauen.

26. Tag
Wachsen durch Versuchungen

»Freuen darf sich, wer auf die Probe gestellt wird und sie besteht; denn Gott wird ihm den Siegeskranz geben, das ewige Leben, das er allen versprochen hat, die ihn lieben.«
Jakobus 1,12; GN

Ein Gedanke zum Mitnehmen: Jede Versuchung ist eine Gelegenheit, sich für das Richtige zu entscheiden.

Eine Frage zum Nachdenken: Welche christusähnliche Charaktereigenschaft könnte ich kultivieren, indem ich die Versuchung bestehe, mit der ich am häufigsten konfrontiert werde?

Wenn Sie die Früchte des Geistes besitzen, dann bedeutet dies, dass Sie wie Christus sind. Wie bringt der Heilige Geist die Früchte des Geistes in Ihrem Leben hervor? Von einem Augenblick auf den anderen? Nein. Früchte reifen immer *langsam*. Gott bringt die Frucht des Heiligen Geistes in Ihrem Leben hervor, indem er Ihnen erlaubt, Erfahrungen mit Situationen zu machen, in denen Sie in Versuchung geraten, genau das Gegenteil der erwünschten Eigenschaft auszuleben. Charakterentwicklung beinhaltet immer eine Wahlmöglichkeit; eine Versuchung bietet Ihnen die Gelegenheit dazu. Jedes Mal, wenn Sie eine Versuchung überwinden, werden Sie Christus ähnlicher.

Heute Versuchungen überwinden

1. Lassen Sie sich nicht einschüchtern. Versuchungen sind ein Zeichen dafür, dass der Teufel Sie hasst; sie sind kein Zeichen für Schwachheit oder Weltlichkeit. Sie sind ein normaler Teil des menschlichen Seins und Lebens in einer gefallenen Welt. Lassen Sie sich von ihnen nicht schockieren oder überraschen. Betrachten Sie die Unausweichlichkeit von Versuchungen ganz realistisch; Sie werden nie in der Lage sein, sie ganz zu umgehen. In der Bibel heißt es: »*Wenn* er euch auf die Probe stellt ...«, nicht »*Falls*«. Es ist keine Sünde, versucht zu werden. Jesus wurde in Versuchung geführt, obwohl er ohne Sünde war. Versuchung wird nur dann zur Sünde, wenn Sie ihr nachgeben.

2. Erkennen Sie das Muster Ihrer Versuchungen und bereiten Sie sich darauf vor. Es gibt bestimmte Situationen, die Sie anfälliger für Versuchungen machen als andere. Sie haben bestimmte Schwachstellen, die Sie unbedingt herausfinden müssen, denn der Teufel kennt sie bereits. Er weiß genau, was Sie in die Falle gehen lässt, und er arbeitet ununterbrochen daran, Sie in solche Situationen zu bringen. Sie sollten die speziellen Muster Ihrer Versuchungen identifizieren und sich dann dagegen schützen, indem Sie solche Situationen, wenn möglich, meiden. Die Bibel fordert uns wiederholt auf, wachsam und vorbereitet zu sein, Versuchungen zu begegnen. Paulus schrieb: »Gebt dem Teufel keine Gelegenheit« (Epheser 4,27; Hfa). Gute Planung reduziert Versuchungen.

3. Bitten Sie Gott um Hilfe. Der Himmel hat eine 24-Stunden-Hotline für Notfälle. Gott möchte, dass Sie ihn um Hilfe bitten, um die Versuchungen zu überwinden. Die Bibel garantiert uns, dass unser Schrei nach Hilfe gehört wird, denn Jesus kennt unsere Nöte. Er erlebte dieselben Versuchungen, die wir erleben. Gottes Liebe ist unendlich und seine Geduld hält ewig an. Wenn Sie Gott 200-mal am Tag wegen der gleichen Versuchung um Hilfe bitten müssen, wird er immer noch bereit sein, Ihnen Gnade zu schenken.

»Der Geist Gottes dagegen lässt als Frucht eine Fülle von Gutem wachsen, nämlich: Liebe, Freude und Frieden, Geduld, Freundlichkeit und Güte, Treue, Bescheidenheit und Selbstbeherrschung.«
Galater 5,22–23; GN

Vater, ich danke dir dafür,
dass ich die Entscheidungsfreiheit habe.
Hilf mir, daran zu denken, dass Versuchungen immer auch
eine Gelegenheit beinhalten, das Richtige zu tun.
Heute will ich mich entscheiden,
deinem Willen für mein Leben zu folgen.

27. Tag
Versuchungen bestehen

»Aber Gott ist treu und wird nicht zulassen, dass die Prüfung über eure Kraft geht. Wenn er euch auf die Probe stellt, sorgt er auch dafür, dass ihr sie bestehen könnt.«
1. Korinther 10,13b; GN

Ein Gedanke zum Mitnehmen: Es gibt immer einen Ausweg.

Eine Frage zum Nachdenken: Wen könnte ich bitten, für mich zu beten und mir damit zu helfen, eine hartnäckige Versuchung zu bekämpfen?

4. Konzentrieren Sie sich auf etwas anderes. Eine Versuchung zu ignorieren ist viel effektiver, als gegen sie anzukämpfen. Sobald Ihre Gedanken sich etwas anderem zuwenden, verliert die Versuchung ihre Kraft. Wenn die Versuchung also anruft, argumentieren Sie nicht mit ihr, legen Sie einfach auf! Um die Gefahr von Versuchungen zu mindern, sollten Sie Ihre Gedanken mit Gottes Wort und anderen guten Inhalten beschäftigen. Sie bekämpfen schädliche Gedanken am besten dadurch, dass Sie an etwas Besseres denken. Das ist das Prinzip des Ersetzens: Sie überwinden das Böse mit etwas Gutem.

5. *Erzählen Sie Ihre Probleme einem guten Freund.* Wenn Sie den Kampf gegen eine fest sitzende schlechte Angewohnheit, eine Abhängigkeit oder eine Versuchung verlieren und im Teufelskreis von guten Vorsätzen, Versagen und Schuldgefühlen feststecken, werden Sie dort nicht alleine herausfinden. Sie brauchen die Hilfe anderer Menschen. Einige Versuchungen können nur mit Hilfe eines anderen Menschen überwunden werden, der für Sie betet, Sie ermutigt und dem gegenüber Sie Rechenschaft ablegen. Gottes Plan für Ihr Wachstum und Ihre Freiheit schließt andere Christen mit ein. Authentische, ehrliche Nachfolge ist das Gegenmittel zu Ihrem einsamen Kampf gegen die Sünden, die nicht weichen wollen. Gott sagt, dass dies der einzige Weg in die Freiheit ist.

6. Widerstehen Sie dem Teufel. Paulus sagt uns: »Die Gewissheit, dass euch Jesus Christus gerettet hat, ist euer Helm, der euch schützt. Und nehmt das Wort Gottes. Es ist das Schwert, das euch der Heilige Geist gibt« (Epheser 6,17; Hfa). Der erste Schritt besteht darin, Gottes Erlösung anzunehmen. Sie werden nicht in der Lage sein, Nein zum Teufel zu sagen, solange Sie nicht Ja zu Jesus gesagt haben. Ohne Christus sind wir gegen den Teufel wehrlos, doch mit dem »Helm, der uns schützt« werden unsere Gedanken von Gott geschützt. Zweitens müssen Sie das Wort Gottes als Ihre Waffe gegen den Teufel einsetzen. Jesus machte uns dies vor, als er in der Wüste auf die Probe gestellt wurde. Jedes Mal, wenn der Teufel ihn mit einer Versuchung konfrontierte, zitierte Jesus die Bibel. Er argumentierte nicht mit Satan. Das Wort Gottes hat Macht.

7. Erkennen Sie, wie verwundbar Sie sind. Gott warnt uns, niemals übermütig oder anmaßend zu werden; das ist nämlich der sicherste Weg in die Katastrophe. Wir dürfen unsere Wachsamkeit nie aufgeben und glauben, dass wir *über* den Versuchungen stehen. Bringen Sie sich nicht fahrlässig in Situationen, die für Sie zu Versuchungen werden können. Gehen Sie ihnen aus dem Weg. Erinnern Sie sich daran, dass es leichter ist, eine Versuchung zu umgehen, als aus ihr zu entkommen. Jedes Mal, wenn Sie einer Versuchung widerstehen, werden Sie Christus ein bisschen ähnlicher.

»Freuen darf sich, wer auf die Probe gestellt wird und sie besteht; denn Gott wird ihm den Siegeskranz geben, das ewige Leben, das er allen versprochen hat, die ihn lieben.«
Jakobus 1,12; GN

Vater, ich brauche deine Hilfe,
wenn ich den Versuchungen,
mit denen ich konfrontiert werde, widerstehen will.
Schenke mir den Mut, meine Kämpfe
mit einem Freund zu teilen,
der mich unterstützt und ermahnt.

28. Tag
Es braucht Zeit

»Ich bin ganz sicher: Gott wird das gute Werk, das er bei euch angefangen hat, auch vollenden bis zu dem Tag, an dem Jesus Christus kommt.«
Philipper 1,6; GN

Ein Gedanke zum Mitnehmen: Es gibt keine Abkürzungen auf dem Weg zu geistlicher Reife.

Eine Frage zum Nachdenken: In welchem Bereich meines geistlichen Wachstums muss ich geduldiger und beständiger sein?

Geistliches Wachstum braucht ebenso wie körperliches Wachstum seine Zeit. Während wir uns um die *Geschwindigkeit* unseres geistlichen Wachstums Gedanken machen, beschäftigt Gott sich mit der *Qualität*. Gott sieht unser Leben aus der Perspektive der Ewigkeit und im Hinblick auf die Ewigkeit, deshalb ist er niemals in Eile. Nachfolge ist der Prozess der Ausrichtung auf Christus. Ihr Ziel ist es, Christus ähnlich zu werden, doch der Weg dorthin wird ein ganzes Leben lang dauern. Die ersten Etappen dieses Weges bestehen darin, etwas zu *glauben* (Anbetung), zu etwas *dazuzugehören* (durch Gemeinschaft) und zu etwas zu *werden* (Nachfolge). Gott möchte, dass Sie jeden Tag ein bisschen mehr wie Jesus werden.

Warum dauert es so lange, sich zu verändern und zu wachsen? Wir lernen langsam. Wir vergessen schnell die Lektionen, die Gott uns lehrt, und fallen schnell wieder in unsere alten Verhaltensmuster zurück. Wir müssen viele Angewohnheiten verlernen. Dieser Prozess erfordert harte Arbeit: »[...] legt den ganzen alten Menschen ab. [...] Zieht den neuen Menschen an« (Epheser 4,22.24; GN). Wir haben Angst davor, ehrlich der Wahrheit über uns ins Gesicht zu sehen. Nur wenn es Gott erlaubt ist, das Licht der Wahrheit auf unsere Fehler und Sünden zu werfen, können wir anfangen, an ihnen zu arbeiten. Wachstum ist oftmals schmerzhaft und beängstigend. Es gibt kein Wachstum ohne Veränderungen. Gewohnheiten brauchen Zeit, um sich zu entwickeln.

»Ein jegliches hat seine Zeit und alles Vorhaben unter dem Himmel hat seine Stunde.«
Prediger 3,1; LÜ

Es gibt nur eine Möglichkeit, wie Sie die Gewohnheiten eines Menschen entwickeln, dessen Charakter Christus ähnlich ist: Sie müssen sie *üben* – und das braucht Zeit. Es gibt keine Instant-Gewohnheiten. Wenn Sie etwas immer wieder praktizieren, bekommen Sie darin Übung. Gewohnheiten, die charakterbildend wirken, werden oft »geistliche Übungen« genannt.

»Mühe dich um das, was dir aufgetragen ist, damit deine Fortschritte allen sichtbar werden.«
1. Timotheus 4,15; GN

»Denn was ich dir jetzt offenbare, wird nicht sofort eintreffen, sondern erst zur festgesetzten Zeit. Es wird sich ganz bestimmt erfüllen, darauf kannst du dich verlassen. Warte geduldig, selbst wenn es noch eine Weile dauert. Dies ist die Botschaft.«
Habakuk 2,3; Hfa

Wie Sie während des Wartens mit Gott zusammenarbeiten können: Glauben Sie daran, dass Gott an Ihrem Leben arbeitet, auch wenn Sie es gerade nicht fühlen. Führen Sie Buch über die Lektionen, die Sie gelernt haben. Schreiben Sie die Erkenntnisse und Lektionen auf, die Gott Sie über sich selbst, über das Leben, über Beziehungen und alles andere gelehrt hat. Halten Sie alles schriftlich fest, damit Sie es immer wieder nachlesen und sich daran erinnern können. Seien Sie mit Gott und sich selbst geduldig. Gottes Zeitplan stimmt selten mit unserem überein. Lassen Sie sich nicht entmutigen. Denken Sie daran, wie weit Sie schon gekommen sind, und nicht daran, wie weit Sie noch gehen müssen.

Herr, erinnere mich daran,
wie weit ich schon gekommen bin,
wenn ich mal wieder entmutigt bin.
Ich danke dir dafür, dass du mich nie aufgibst
und dass du das gute Werk,
das du in mir begonnen hast, vollenden wirst.

4. Lebensziel:

Sie wurden erschaffen, um Gott zu dienen

29. Tag
Ihre Berufung annehmen

»Wir sind ganz und gar Gottes Werk. Durch Jesus Christus hat er uns so geschaffen, dass wir nun Gutes tun können. Er hat sogar unsere guten Taten im Voraus geschaffen, damit sie nun in unserem Leben Wirklichkeit werden.«
Epheser 2,10; GN

Ein Gedanke zum Mitnehmen: Dienst für Gott ist nicht optional.

Eine Frage zum Nachdenken: Was hält mich davon ab, Gottes Berufung in seinen Dienst anzunehmen?

Sie leben in dieser Welt, um Ihren Beitrag zu leisten, indem Sie Gott und anderen dienen. Das ist Gottes vierte Berufung für Ihr Leben. Wenn Sie anderen dienen – in welcher Weise auch immer –, dienen Sie im Grunde Gott und erfüllen eines der Ziele, wegen denen er Sie erschaffen hat. Sie wurden nicht nur erschaffen, um zu konsumieren – um zu essen, zu atmen und Raum einzunehmen. Gott hat jeden von uns vielmehr erschaffen, damit wir mit unserem Leben einen ganz eigenen Beitrag leisten können.

Ihre Berufung zur Erlösung beinhaltete auch Ihre Berufung zum Dienst. Gott hat Sie nicht *wegen* Ihres Dienstes, sondern *für* den Dienst erlöst. In Gottes Reich haben Sie einen Platz, eine Berufung, eine Rolle und eine Funktion zu erfüllen. Dadurch gewinnt Ihr Leben große Bedeutung und großen Wert. Nachdem er Sie errettet hat, will Gott Sie zur Erfüllung seiner Ziele einsetzen. Gott hat einen Dienst für Sie in seinem Leib und eine Mission für Sie in dieser Welt.

»Er hat uns gerettet und uns dazu berufen, ganz zu ihm zu gehören. Nicht etwa, weil wir das verdient hätten, sondern aus Gnade und freiem Entschluss.«
2. Timotheus 1,9; Hfa

»Auch der Menschensohn ist nicht gekommen, um sich bedienen zu lassen, sondern um zu dienen und sein Leben als Lösegeld für alle Menschen hinzugeben.«
Matthäus 20,28; GN

Für Christen ist der Dienst keine Möglichkeit unter vielen, nichts, das wir aufschieben könnten, bis wir die Zeit dafür erübrigen können. Der Dienst macht den Kern eines christlichen Lebensstils aus. Jesus kam, um »zu dienen« und »zu geben« – und diese beiden Verben sollten auch Ihr Leben auf dieser Erde beschreiben. Dienen und Geben summieren sich zu Gottes vierter Berufung für Ihr Leben.

Wunderbarer Gott, hilf mir, daran zu denken,
dass ich auf dieser Erde bin,
um dir und anderen zu dienen.
Ich danke dir für das Privileg,
ein Teil dessen zu sein, was du durch deine Gemeinde
in dieser Welt tust.

30. Tag
Geformt, um Gott zu dienen

»Es gibt verschiedene Wirkungen des Heiligen Geistes; aber Gott allein ist es, der dies alles in denen wirkt, die zur Gemeinde gehören.«
1. Korinther 12,6; Hfa

Ein Gedanke zum Mitnehmen: Ich wurde mit einem bestimmten Profil geschaffen, um Gott zu dienen.

Eine Frage zum Nachdenken: Welche von Gott gegebenen geistlichen Gaben kann ich meiner Gemeinde anbieten?

Sie sind Gottes handgemachtes Kunstwerk. Sie sind kein Fließbandprodukt, kein Massenprodukt. Sie sind ein maßgefertigtes, einzigartiges, originales Meisterwerk. Gott hat Sie wohl durchdacht gestaltet und geformt, damit Sie ihm auf eine Art und Weise dienen, die Ihren Dienst einzigartig macht. Gott plante vor Ihrer Geburt nicht nur Ihre Gestalt, sondern auch jeden einzelnen Tag in Ihrem Leben so, dass er seinen Gestaltungsprozess unterstützte. Das bedeutet, dass nichts, was in Ihrem Leben passiert, bedeutungslos ist. Gott gebraucht alles, um Sie für den Dienst an anderen Menschen und für ihn zu formen.

Wie Gott Sie für Ihren Dienst formt

Gott verschwendet niemals etwas. Er würde Ihnen niemals Fähigkeiten, Interessen, Talente, Gaben, Persönlichkeit und Lebenserfahrungen geben, wenn er nicht die Absicht hätte, sie zu seiner Ehre einzusetzen. Wenn Sie diese Faktoren erkennen und ihre Bedeutung verstehen, können Sie Gottes Willen für Ihr Leben entdecken. Die Bibel sagt, dass Sie »wunderbar gemacht« sind. Sie sind eine Kombination aus vielen verschiedenen Faktoren. Diese maßgeschneiderte Kombination von Fähigkeiten ist Ihr persönliches Profil (»GABEN«), bestehend aus:

- geistlichen Gaben,
- Andersartigkeit/Persönlichkeit,
- besondere Fähigkeiten,
- Erfahrung,
- Neigungen.

Entfalten Sie Ihre geistlichen Gaben. Gott gibt jedem Christen Geistesgaben, die er in seinem Dienst einsetzen kann. Dabei handelt es sich um besondere, von Gott bevollmächtigte Gaben, die nur Christen bekommen, um ihm zu dienen. Sie können sich Ihre geistlichen Gaben nicht erwerben oder verdienen – deshalb werden sie auch »*Gaben*« genannt. Sie sind ein Ausdruck der Gnade Gottes für Sie. Sie können sich Ihre Gaben auch nicht aussuchen; Gott entscheidet darüber. Es bekommt auch niemand *alle* Gaben. Ihre geistlichen Gaben wurden Ihnen nicht gegeben, damit Sie sie zu *Ihrem eigenen Nutzen* einsetzen, sondern damit andere davon profitieren; ebenso können Sie von den Gaben anderer Menschen profitieren. Aus diesem Grund sollen wir unsere geistlichen Gaben entdecken und einsetzen.

Setzen Sie Ihre Andersartigkeit/Persönlichkeit ein. Gott erschuf jeden von uns mit einer einzigartigen Kombination von persönlichen Merkmalen. Gott schuf introvertierte und extrovertierte Menschen. Er schuf Menschen, die Routine mögen, und Menschen, die die Abwechslung lieben. Manche machte er zu Kopf- und andere zu Gefühlsmenschen. Manche Menschen arbeiten besser, wenn sie eine individuelle Aufgabe zugewiesen bekommen, andere arbeiten besser im Team. Es gibt kein richtiges oder falsches Temperament für den Dienst. Wir brauchen alle Arten von Persönlichkeiten in der Gemeinde, um die Gemeinde im Gleichgewicht zu halten und ihr den besonderen Geschmack zu geben.

»Und so unterschiedlich auch die Aufgaben in der Gemeinde sind,
so dienen wir doch alle dem einen Herrn.«
1. Korinther 12,5; Hfa

Gott, du bist ein unglaublicher Schöpfer.
Ich danke dir dafür, dass du allen Facetten
meines Lebens so viel Aufmerksamkeit widmest
und mich so geschaffen hast, dass ich
einen ganz einzigartigen Beitrag leisten kann.

31. Tag

Das persönliche Profil verstehen

»Dient einander mit den Fähigkeiten, die Gott euch geschenkt hat – jeder und jede mit der eigenen besonderen Gabe. Dann seid ihr gute Verwalter der vielfältigen Gnade Gottes.«
1. Petrus 4,10; GN

Ein Gedanke zum Mitnehmen: Niemand kann mich ersetzen.

Eine Frage zum Nachdenken: Wie könnte ich mir vorstellen, anderen leidenschaftlich und begeistert zu dienen?

Wenden Sie Ihre besonderen Fähigkeiten an. Besondere Fähigkeiten sind die natürlichen Begabungen, mit denen Sie bereits auf die Welt kamen. Manche Menschen können gut mit Worten umgehen: Sie kommen schon sprechend auf die Welt. Andere Menschen haben natürliche sportliche Fähigkeiten, sie können ihren Körper gut koordinieren. Wieder andere sind gut in Mathematik und Musik oder haben handwerkliche Fähigkeiten.

Um Ihre besonderen Fähigkeiten im Dienst einsetzen zu können, müssen Sie folgende vier Wahrheiten verstehen:

1. Alle unsere Fähigkeiten kommen von Gott.
2. Jede Fähigkeit kann zur Ehre Gottes eingesetzt werden.
3. Gott erwartet von mir, das zu tun, wozu er mich befähigt hat.
4. Wenn Sie Ihre besonderen Fähigkeiten nicht einsetzen, werden Sie sie verlieren.

Setzen Sie Ihre Erfahrungen ein. Sie wurden durch die Erfahrungen geprägt, die Sie in Ihrem Leben gemacht haben und von denen Sie die meisten nicht kontrollieren konnten. Gott ließ diese Erfahrungen zu, um Ihr persönliches Profil zu formen. Wenn Sie Ihr Dienstprofil bestimmen wollen, sollten Sie wenigstens die folgenden sechs Erfahrungsbereiche aus Ihrer Vergangenheit überprüfen: Familienerfahrungen, Lernerfahrungen, berufliche Erfahrungen, geistliche Erfahrungen, Erfahrungen der Mitarbeit in der Gemeinde, schmerzliche Erfahrungen. Die letztgenannte Kategorie gebraucht Gott besonders, um Sie für seinen Dienst vorzubereiten. Tatsache ist, dass Ihr *bedeutendster* Dienst meistens aus Ihren größten Verletzungen entsteht. Die Erfahrungen in Ihrem Leben, die Sie am stärksten verletzt oder die Sie am meisten bedauert haben – diejenigen, die Sie verstecken und vergessen möchten –, sind die Erfahrungen, die Gott gebrauchen möchte, damit Sie anderen Menschen helfen können.

Was sind Ihre Neigungen? Die Bibel verwendet den Begriff »Herz« für das Zentrum unserer Neigungen, Wünsche, Hoffnungen, Interessen, Ambitionen und Träume. Ihr Herz repräsentiert die Quelle all Ihrer Motivationen – was Sie liebend gerne tun und was Sie am meisten schätzen. Ihr emotionaler Herzschlag ist der fünfte Schlüssel, um den Willen Gottes für Ihren Dienst zu entdecken. Ein Dienst, der von Herzen kommt, hat zwei Kennzeichen: Begeisterung und Effektivität. Finden Sie heraus, welche Tätigkeiten Sie lieben – wofür Gott Ihnen ein Herz gegeben hat –, und tun Sie sie dann zu seiner Ehre.

»Durch Jesus Christus hat er uns so geschaffen, dass wir nun Gutes tun können. Er hat sogar unsere guten Taten im Voraus geschaffen, damit sie nun in unserem Leben Wirklichkeit werden.«
Epheser 2,10; GN

Großzügiger Vater, ich möchte dir für all die Erfahrungen danken, die mein Leben zu deiner Ehre geformt haben – die guten und die schlechten. Ich bin so dankbar, dass du auch die Fehler und Niederlagen meines Lebens gebrauchen kannst. Hilf mir, anderen so zu helfen, wie du auch mir geholfen hast.

32. Tag
Einsetzen, was Gott gegeben hat

»Bemühe dich, dass du vor Gott bestehen kannst – mit deiner Lebensführung und deinem unbeirrbaren Wirken, als einer, der das Wort der Wahrheit, die Gute Nachricht von Jesus Christus, klar und unverkürzt verkündet.«
2. Timotheus 2,15; GN

Ein Gedanke zum Mitnehmen: Gott verdient mein Bestes.

Eine Frage zum Nachdenken: Wie kann ich das, was Gott mir gegeben hat, am besten einsetzen?

Am besten dienen Sie Gott auf der Grundlage Ihrer GABEN. Dazu sollten Sie Ihr Profil entdecken, lernen, es anzunehmen und Freude daran zu haben, und dann sein volles Potenzial ausschöpfen.

Gott möchte, dass Sie Ihr einzigartiges Profil entdecken. Fangen Sie an zu entdecken, was Gott mit Ihnen und Ihrem Leben vorhat. Beginnen Sie damit, indem Sie Ihre Gaben und Fähigkeiten beurteilen. Berücksichtigen Sie dann Ihr Herz und Ihre Persönlichkeit. Werten Sie schließlich Ihre Erfahrungen aus und halten Sie fest, welche Lektionen Sie gelernt haben.

Nehmen Sie Ihr persönliches Profil an und freuen Sie sich darüber. Da Gott weiß, was das Beste für Sie ist, sollten Sie dankbar annehmen, wie er Sie gemacht hat. Ihr Profil wurde souverän von Gott für *seine* Ziele entworfen, also sollten Sie sich nicht darüber ärgern oder es ablehnen.
Statt zu versuchen, sich ein neues Profil zuzulegen, sollten Sie das einzigartige Profil feiern, das Gott nur Ihnen gegeben hat. Dazu gehört auch, dass Sie Ihre Grenzen akzeptieren. Niemand ist in allen Dingen gut, und niemand ist berufen, alles zu sein. Wir alle haben festgelegte Rollen.

»Als Menschen, die zu Christus gehören, bilden wir alle ein unteilbares Ganzes; aber als Einzelne stehen wir zueinander wie Teile mit ihrer besonderen Funktion.«
Römer 12,5; GN

Freuen Sie sich über Ihr persönliches Profil. Der Teufel wird auf vielen Wegen versuchen, Ihnen die Freude am Dienst zu nehmen, beispielsweise indem er Sie dazu bringt, Ihren Dienst mit anderen zu *vergleichen*, und indem er Sie in die Versuchung führt, Ihren Dienst an den Erwartungen anderer zu *orientieren*. Es gibt zwei Gründe, warum Sie Ihre Gaben, Ihren Dienst oder das Ergebnis davon nie mit anderen vergleichen sollten. Erstens werden Sie immer jemanden finden, der vermeintlich besser ist als Sie, und das wird Sie frustrieren. Oder Sie werden jemanden finden, der offenbar nicht so effektiv ist wie Sie, und das wird Sie mit Stolz erfüllen. Beide Haltungen werden Sie von Ihrem Dienst abbringen und Ihnen die Freude rauben.

»Jeder und jede von euch soll das eigene Tun überprüfen, ob es vor Gott bestehen kann.«
Galater 6,4; GN

Entwickeln Sie Ihr Profil weiter. Gott erwartet von uns, dass wir das Beste aus dem machen, was er uns gegeben hat. Wir sollen unsere Gaben und Fähigkeiten pflegen, das Feuer in unserem Herzen am Brennen halten, unseren Charakter und unsere Persönlichkeit wachsen lassen und unsere Erfahrungen erweitern, dann wird unser Dienst effektiver sein. Denken Sie daran, dass wir alle Gott im Himmel für immer dienen werden. Heute können wir uns für diesen Dienst in der Ewigkeit vorbereiten, indem wir hier auf der Erde üben. Wie sich Sportler für die Olympischen Spiele vorbereiten, trainieren auch wir für diesen großen Tag.

»Lass die Gabe wieder aufleben, die Gottes Geist in dich gelegt hat und die dir geschenkt wurde, als ich dir die Hände auflegte.«
2. Timotheus 1,6; GN

Herr, du verdienst, dass ich dir mein Bestes gebe.
Hilf mir, kreativ zu sein und das Beste
aus dem zu machen, was du mir gegeben hast.
Ich möchte dir mein Leben lang dienen.

33. Tag
Wie echte Diener leben

»Und wer einem ganz unbedeutenden Menschen auch nur einen Schluck kaltes Wasser zu trinken gibt – einfach, weil er mein Jünger ist –, ich versichere euch, wer das tut, wird ganz gewiss nicht leer ausgehen.«
Matthäus 10,42; GN

Ein Gedanke zum Mitnehmen: Ich diene Gott, indem ich anderen Menschen diene.

Eine Frage zum Nachdenken: Welches der unten genannten sechs Kennzeichen echter Diener ist für mich am herausforderndsten?

Auch wenn es wichtig ist zu wissen, dass Ihr persönliches Profil eine entscheidende Rolle spielt, wenn Sie Gott dienen möchten, ist es noch wichtiger, auch das Herz eines Dieners zu haben: Echte Diener stellen sich selbst zum Dienst zur Verfügung. Ein Diener zu sein bedeutet, die Kontrolle über Ihren Terminkalender abzugeben und Gott zu erlauben, Sie jederzeit bei Ihren Tätigkeiten zu unterbrechen, wenn er es für nötig hält. Echte Diener achten aufmerksam auf die Bedürfnisse anderer Menschen. Diener halten immer Ausschau danach, wie sie anderen helfen können. Wenn sie eine Not entdecken, ergreifen sie die Gelegenheit, um zu helfen. »Als Menschen, die zu Christus gehören, bilden wir alle ein unteilbares Ganzes; aber als Einzelne stehen wir zueinander wie Teile mit ihrer besonderen Funktion« (Römer 12,5; GN).

Echte Diener machen das Beste aus dem, was sie haben. Sie suchen keine Ausreden, schieben nichts auf oder warten auf günstigere Umstände. Sie tun einfach, was getan werden muss. Gott erwartet, dass Sie tun, was Sie können, mit dem, was Sie haben, wo immer Sie gerade sind. Echte Diener erledigen jede Aufgabe mit der gleichen Hingabe. Was immer sie tun, tun sie »von Herzen als dem Herrn und nicht den Menschen« (Kolosser 3,23; ELB).

Jesus spezialisierte sich auf niedere Arbeiten, die niemand sonst tun wollte. Nichts war unter seiner Würde, weil er gekommen war, um zu dienen. Das tat er nicht *trotz* seiner Größe, sondern gerade *wegen* seiner Größe, und er erwartet, dass wir seinem Vorbild folgen.

»Alle aber begegnet einander in Demut! Denn Gott tritt den Stolzen entgegen, den Demütigen aber schenkt er seine Gnade.«
1. Petrus 5,5; EÜ

Echte Diener erfüllen ihren Dienst zuverlässig. Sie schließen ihre Aufgaben ab, übernehmen ihre Verpflichtungen, halten ihre Versprechen und tragen ihre Verantwortung. Sie lassen eine Arbeit nicht halb beendet liegen und geben nicht auf, wenn sie entmutigt werden. Sie sind zuverlässig und verlässlich. Echte Diener bewahren auch Zurückhaltung. Sie preisen sich nicht an oder ziehen die Aufmerksamkeit auf sich. Sie nehmen Anerkennung für ihren Dienst bescheiden an, aber sie lassen sich dadurch nicht von ihrem Dienst ablenken. Echte Diener dienen nicht wegen der Anerkennung oder des Beifalls anderer Menschen. Sie leben für einen einzigen Zuschauer – Gott.

Jesus, ich möchte mich dir heute zur Verfügung stellen, um anderen in deinem Namen zu dienen. Ich möchte dir mein Leben lang dienen.

34. Tag
Denken wie ein echter Diener

»Habt im Umgang miteinander stets vor Augen,
was für einen Maßstab Jesus Christus gesetzt hat.«
Philipper 2,5; GN

Ein Gedanke zum Mitnehmen: Um ein Diener zu werden, muss ich wie ein Diener denken.

Eine Frage zum Nachdenken: Bin ich normalerweise mehr darauf aus, dass andere mir dienen, oder versuche ich, Wege zu finden, anderen zu dienen?

Um ein Diener sein zu können, müssen Sie Ihr Denken und Ihre Einstellungen ändern. Gott ist immer mehr daran interessiert, *warum* wir etwas tun, als daran, *was* wir tun. Echte Diener denken mehr an andere als an sich selbst. Solche Menschen sind selbstvergessen. Genau dabei geht es bei »sein Leben verlieren« – sich selbst vergessen, während man anderen dient. Jesus »gab alle seine Vorrechte auf und wurde einem Sklaven gleich« (Philipper 2,7; GN). Sie können kein Diener sein, wenn Sie nur an sich selbst denken. Nur wenn wir uns selbst vergessen, tun wir die Dinge, die es verdienen, dass man sich daran erinnert.

Echte Diener denken wie Verwalter, nicht wie Besitzer. Sie erinnern sich daran, dass alles Gott gehört. In der Bibel war ein Verwalter ein Diener, dem eine Sache anvertraut war. Dienst und Verwaltung gehören zusammen und Gott erwartet, dass wir in beidem verlässlich sind: »Von Verwaltern wird verlangt, dass sie zuverlässig sind« (1. Korinther 4,2; GN). Echte Diener denken an ihre Arbeit, nicht daran, was andere tun. Sie vergleichen, kritisieren und konkurrieren nicht mit anderen Dienern. Sie sind zu sehr mit den Aufgaben beschäftigt, die Gott ihnen aufgetragen hat. Echte Diener beschweren sich nicht über mangelnde Fairness, sie baden nicht in Selbstmitleid und schauen nicht auf die herab, denen sie dienen. Sie vertrauen Gott und dienen einfach weiter.

Echte Diener beziehen ihre Identität aus Christus. Weil sie sich daran erinnern, dass sie aus Gnade geliebt und angenommen sind, müssen sie ihren Wert nicht unter Beweis stellen. Sie akzeptieren bereitwillig Aufgaben, die andere Menschen als »unter ihrer Würde« bezeichnen würden. Eines der tief gehendsten Beispiele für einen Dienst aus einem sicheren Selbstwertgefühl heraus ist Jesus, der die Füße seiner Jünger wusch. Echte Diener sehen den Dienst als eine Gelegenheit, nicht als einen Zwang. Sie haben Freude daran, anderen zu helfen, Bedürfnisse zu erfüllen und ihren Dienst zu tun: »Dient ihm voll Freude« (Psalm 100,2; Hfa). Gott wird Sie gebrauchen, wenn Sie anfangen, wie ein echter Diener zu denken und zu handeln.

Vater, hilf mir, heute mit dem, was ich habe,
zu tun, was ich tun kann. Ich möchte mich nicht
mit anderen vergleichen oder wetteifern,
die dir ebenfalls dienen.
Hilf mir, mich nur auf das auszurichten,
zu dem du mich berufen hast.

35. Tag

Gottes Kraft in Ihrer Schwachheit

»Verlass dich ganz auf meine Gnade. Denn gerade wenn du schwach bist, kann sich meine Kraft an dir besonders zeigen.«
2. Korinther 12,9; Hfa

Ein Gedanke zum Mitnehmen: Gott wirkt am besten, wenn ich meine eigene Schwachheit zugebe.

Eine Frage zum Nachdenken: Setze ich Gottes Macht in meinem Leben Grenzen, indem ich versuche, meine Schwächen zu verbergen? Wo sollte ich ehrlich sein, um anderen helfen zu können?

Gott will uns gebrauchen, wenn wir ihm erlauben, durch unsere Schwachheit zu wirken. Damit das geschehen kann, müssen wir dem Beispiel von Paulus folgen:
Geben Sie Ihre Schwäche zu. Machen Sie sich Ihre Unvollkommenheit bewusst. Seien Sie ehrlich zu sich selbst. Zwei großartige Bekenntnisse im Neuen Testament zeigen, was wir brauchen, um ein rundum gesundes Leben zu führen. Das erste stammt von Petrus, der zu Jesus sagte: »Du bist Christus, [...] der Sohn des lebendigen Gottes« (Matthäus 16,16; Hfa). Das zweite kommt von Paulus, der einmal zu einer Menschenmenge sagte, die ihn vergötterte: »Wir sind doch Menschen genauso wie ihr« (Apostelgeschichte 14,15a; GN).

Seien Sie mit Ihrer Schwachheit zufrieden. Zufriedenheit ist ein Ausdruck unseres Vertrauens in die Güte Gottes. Es bedeutet: »Gott, ich glaube, dass du mich liebst und weißt, was am besten für mich ist.« Paulus nennt uns viele Gründe, warum wir mit unseren angeborenen Schwächen zufrieden sein sollen. Zum einen sorgen sie dafür, dass wir uns auf Gott verlassen. Unsere Schwächen bewahren uns auch vor Arroganz. Unsere Schwachheit ermutigt uns außerdem zur Gemeinschaft mit anderen Christen. Vor allem aber nimmt durch unsere Schwächen unsere Fähigkeit zu Mitgefühl und unsere Bereitschaft zum Dienst zu. Gott möchte, dass Sie einen christusähnlichen Dienst auf Erden tun. Das bedeutet, dass andere Menschen in Ihren Wunden Heilung finden. Die wichtigsten Botschaften Ihres Lebens und Ihr effektivster Dienst entstehen aus Ihren tiefsten Verletzungen.

Sprechen Sie ehrlich über Ihre Schwächen. Dienst beginnt mit Verletzlichkeit. Paulus sprach offen über sein Versagen, seine Gefühle, seine Frustration und seine Ängste. Natürlich ist Verletzlichkeit riskant. Wenn Sie Ihr Versagen, Ihre Fehler, Gefühle, Frustrationen und Ängste aufdecken, riskieren Sie Ablehnung. Aber der Nutzen ist das Risiko wert. Verwundbar zu sein ist eine emotionale Befreiung. Aus diesem Grund will Gott Ihre Schwächen gebrauchen und nicht nur Ihre Stärken. Wenn alle Menschen nur Ihre Stärken sehen würden, wären sie entmutigt und würden denken: *Tja, schön für sie/ihn, doch ich werde nie in der Lage sein, so was zu tun.* Doch wenn sie sehen, dass Gott Sie trotz Ihrer Schwächen gebraucht, ermutigt es sie zu denken: *Vielleicht kann Gott mich auch gebrauchen.*

»Auch ich bin mit Christus schwach. Aber ich werde mit ihm leben und mich stark erweisen euch gegenüber aus Gottes Kraft.«
2. Korinther 13,4b; GN

»Verlass dich ganz auf meine Gnade. Denn gerade wenn du schwach bist, kann sich meine Kraft an dir besonders zeigen.«
2. Korinther 12,9; Hfa

Prahlen Sie mit Ihrer Schwäche. Statt sich selbstsicher und unbesiegbar zu geben, sollten Sie sich lieber als eine »Trophäe der Gnade« sehen. Wenn der Teufel Sie auf Ihre Schwächen hinweist, sollten Sie ihm zustimmen und in Ihrem Herzen Jesus loben, der unsere Schwächen versteht (Hebräer 4,15), und den Heiligen Geist anbeten, der »unserer Schwachheit aufhilft« (Römer 8,26; LÜ). Gott sind durch unsere Begrenzungen niemals Grenzen gesetzt.

Vater, gebrauche meine Schwäche,
um dich zu verherrlichen.
Meine Schwäche soll dazu führen,
dass ich mich ganz auf dich verlasse.
Mein Leben soll ein Beispiel dafür sein,
was du durch ganz gewöhnliche Menschen
tun kannst, die sich dir anvertrauen.

5. Lebensziel:

Sie wurden erschaffen, um einen Auftrag zu erfüllen

36. Tag
Für einen Auftrag erschaffen

»Darum gehet hin und machet zu Jüngern alle Völker: Taufet sie auf den Namen des Vaters und des Sohnes und des Heiligen Geistes und lehret sie halten alles, was ich euch befohlen habe. Und siehe, ich bin bei euch alle Tage bis an der Welt Ende.« Matthäus 28,19–20; LÜ

Ein Gedanke zum Mitnehmen: Ich habe einen Auftrag.

Eine Frage zum Nachdenken: Welche Ängste haben mich bisher davon abgehalten, den Auftrag zu erfüllen, für den Gott mich geschaffen hat? Was hält mich davon ab, anderen von Gott zu erzählen?

Die Erfüllung Ihrer Mission in der Welt – Menschen für Gott zu erreichen – ist Gottes fünfte Zielvorgabe für Ihr Leben. In der Bibel finden wir diverse Gründe, warum unsere Aufgabe so wichtig ist: *Ihre Mission ist eine Fortsetzung der Mission Jesu in dieser Welt.* Dieser Auftrag gilt allen Menschen, die Jesu nachfolgen, nicht nur den Pastoren und Missionaren. Sie sind vielleicht der einzige Christ, den einige Menschen jemals kennen lernen werden, und Ihre Aufgabe ist es, ihnen von Jesus zu erzählen. *Ihre Mission ist ein wunderbares Vorrecht.* Es ist eine große Verantwortung, aber auch eine unbeschreibliche Ehre, von Gott gebraucht zu werden.

Anderen Menschen zu erzählen, wie sie das ewige Leben erhalten können, ist das Größte, das Sie für sie tun können. Wir haben die beste Nachricht der Welt, und sie mit anderen zu teilen ist die größte Freundlichkeit, die Sie jemandem erweisen können. *Ihre Mission hat Bedeutung für die Ewigkeit.* Nichts, was Sie tun, ist so wichtig wie diese eine Sache: so vielen Menschen wie möglich zu helfen, eine ewig dauernde Beziehung mit Gott einzugehen. *Ihre Mission gibt Ihrem Leben einen Sinn.* Wenn nur eine Person Ihretwegen in den Himmel kommt, hat Ihr Leben schon etwas bewirkt, das Ewigkeitswert hat. *Gottes Zeitplan für diese Welt ist an die Erfüllung unseres Auftrags gekoppelt.* Jesus wird nicht wiederkommen, bis nicht jeder, der das Evangelium hören soll, es auch gehört hat.

»Wichtig ist nur, dass ich bis zum Schluss den Auftrag erfülle, den mir Jesus, der Herr, übertragen hat.«
Apostelgeschichte 20,24; GN

Wenn Sie Ihre Mission erfüllen, gibt dies Gott Ehre. In der Nacht, bevor er gekreuzigt wurde, berichtete Jesus seinem Vater: »Ich habe deine Herrlichkeit auf der Erde sichtbar gemacht; denn ich habe die Aufgabe erfüllt, die du mir übertragen hast« (Johannes 17,4; GN). Werden Sie dies auch am Ende Ihres Lebens sagen können? *Gott segnet das Leben eines Menschen, der sich dem Bau seines Reiches verschrieben hat.* Das Geheimnis von Gottes Segen ist die Teilnahme an seiner Mission, Teil dessen zu sein, was er auf dieser Erde vollbringt.

Vater, ich danke dir für das Privileg,
Teil deines Planes für diese Welt sein zu können.
Gebrauche mich, um andere Menschen einzuladen,
Teil deiner Familie zu werden.
Hilf mir, mehr Menschen für Jesus zu erreichen.

37. Tag

Die Botschaft Ihres Lebens weitergeben

»Seid immer bereit, denen Rede und Antwort zu stehen, die euch nach der Begründung eures Glaubens fragen. Seid dabei aber freundlich und vergesst nicht, welche Verantwortung ihr vor Gott habt.«
1. Petrus 3,15; Hfa

Ein Gedanke zum Mitnehmen: Gott möchte der Welt durch mich etwas mitteilen.

Eine Frage zum Nachdenken: Mit wem sollte ich über meine persönliche Geschichte mit Gott sprechen?

Ihre Lebensbotschaft hat vier Bestandteile: Gott möchte, dass Sie anderen über Ihre persönlichen Erfahrungen mit ihm erzählen. Vor Gericht hat ein Zeuge nicht die Aufgabe, für den Fall zu argumentieren, die Wahrheit zu überprüfen oder einen Urteilsspruch zu fällen; das ist Aufgabe der Anwälte. Zeugen stellen einfach nur dar, was ihnen passiert ist oder was sie gesehen haben. Jesus sagte: »Aber ihr werdet [...] überall als meine Zeugen auftreten« (Apostelgeschichte 1,8; GN) – und nicht als seine Anwälte. »Wer den Sohn Gottes anerkennt, trägt dieses Zeugnis in seinem Herzen« (1. Johannes 5,10; GN).

Der zweite Teil Ihrer Lebensbotschaft besteht aus den Lektionen, die Gott Ihnen durch Erfahrungen mit ihm beigebracht hat. Es geht um Lektionen, bei denen Sie etwas über Gott, über Beziehungen, Probleme, Versuchungen und andere Aspekte des Lebens gelernt haben. Schreiben Sie die wichtigsten Lektionen auf, die Sie gelernt haben, damit Sie mit anderen darüber sprechen können. Wir sollten dankbar sein, dass Salomo dies tat, denn dadurch haben wir die Bücher Sprichwörter und Prediger, die voller praktischer Lektionen für das Leben sind.

»Auf die Ermahnung eines weisen Menschen zu hören ist so wertvoll wie der schönste Schmuck.«
Sprichwörter 25,12; Hfa

Gott möchte, dass Sie die Neigungen, die er Ihnen geschenkt hat, einsetzen. Er ist ein leidenschaftlicher Gott. Er liebt einige Dinge leidenschaftlich und er hasst andere leidenschaftlich. Wenn Ihre Beziehung zu ihm enger wird, wird Gott Ihnen etwas ans Herz legen, das ihm ein wichtiges Anliegen ist, damit Sie für ihn ein Sprachrohr in dieser Welt sein können. Das kann ein Problem, ein Ziel, ein Prinzip oder eine Gruppe von Menschen sein. Was immer es ist – Sie werden sich berufen fühlen, darüber zu sprechen und zu tun, was Sie können, um eine Veränderung herbeizuführen.

»Denn wovon das Herz voll ist, davon redet der Mund.«
Matthäus 12,34; GN

»Ja, wenn die Liebe uns ganz erfüllt, vertreibt sie sogar die Angst.«
1. Johannes 4,18; Hfa

Gott möchte, dass Sie die Gute Nachricht weitersagen. Uns müssen die Menschen am Herzen liegen, die Gott nicht kennen, denn Gott sind sie auch wichtig. Liebe lässt keine Wahl. Eltern würden in ein brennendes Gebäude laufen, um ihre Kinder zu retten, weil ihre Liebe für ihr Kind größer ist als die Angst. Wenn Sie Angst haben, mit den Menschen in Ihrer Umgebung über das Evangelium zu sprechen, dann bitten Sie Gott, Ihr Herz mit seiner Liebe für diese Menschen zu füllen. Solange Sie eine Person kennen, die Jesus noch nicht kennt, sollten Sie für sie beten, ihr in Liebe dienen und das Evangelium weitersagen. Als Sie Christ wurden, wurden Sie für andere auch ein *Botschafter* von Gottes Evangelium.

Herr, gib mir Mut,
meine persönliche Lebensbotschaft weiterzusagen.
Hilf mir, aus meinem Wohlfühlbereich auszubrechen,
damit du durch mich reden kannst.
Sende mir heute jemanden,
damit ich deine Gute Nachricht weitergeben kann.

38. Tag
Ein Weltklasse-Christ werden

»Gott, sei uns gnädig und segne uns. Sieh uns an im Licht deiner Liebe.
Dann wird man auf der ganzen Welt erkennen, dass du uns führst.
Alle Völker werden sehen und verstehen: Du willst die Menschen retten.«
Psalm 67,2–3; GN

Ein Gedanke zum Mitnehmen: Der Missionsauftrag ist mein Auftrag.

Eine Frage zum Nachdenken: Welche Schritte kann ich konkret unternehmen, um mich für eine Kurzzeit-Missionserfahrung im nächsten Jahr vorzubereiten?

Weltklasse-Christen dagegen wissen, dass sie gerettet wurden, um zu dienen und um einen Auftrag zu erfüllen. Sie bemühen sich um eine persönliche Aufgabe und freuen sich über das Privileg, von Gott gebraucht zu werden. Ihre Freude, ihr Vertrauen und ihr Enthusiasmus sind ansteckend, weil sie wissen, dass sie etwas bewirken.

»Dann sagte er zu ihnen: ›Geht in die ganze Welt und verkündigt
die Gute Nachricht allen Menschen.‹«
Markus 16,15; GN

Um ein Weltklasse-Christ zu werden, müssen Sie Ihr Denken ändern. Denken Sie weniger an sich, dafür mehr an andere. Natürlich ist dies eine schwierige gedankliche Umstellung, denn wir sind von Natur aus egoistisch. Wir können dieses Paradigma nur ändern, wenn wir uns in jedem Augenblick neu von Gott abhängig machen.

»Denkt nicht an euren eigenen Vorteil, sondern habt das Wohl der anderen im Auge.«
Philipper 2,4; Hfa

Denken Sie global statt lokal. Von Anfang an wünschte Gott sich Familienmitglieder aus jeder Nation, die er erschaffen hatte. Fangen Sie an, global zu denken, indem Sie anfangen, für bestimmte Länder zu beten. Weltklasse-Christen beten für die Welt. Nehmen Sie sich einen Globus oder eine Weltkarte und beten Sie namentlich für die Nationen. Eine andere Methode, um globaler zu denken, besteht darin, die Nachrichten aus der Perspektive des Missionsauftrages zu lesen oder zu sehen. Wann immer es einen Konflikt oder eine Veränderung gibt, können Sie sicher sein, dass Gott diese Entwicklung gebrauchen wird, um Menschen zu sich zu führen. Die beste Art, um globaler denken zu lernen, besteht darin, einfach loszugehen und an einem missionarischen Kurzzeiteinsatz in einem anderen Land teilzunehmen. Es gibt einfach keinen Ersatz für praktische Erfahrungen mit einer anderen Kultur.

Denken Sie mit Blick auf die Ewigkeit statt mit Blick auf das Hier und Jetzt. Um das Beste aus Ihrem Leben hier auf der Erde zu machen, müssen Sie die Ewigkeit im Blick behalten. Das wird Sie davon abhalten, aus einer Mücke einen Elefanten zu machen, und es wird Ihnen helfen, zwischen dem Dringlichen und dem Wichtigen zu unterscheiden. Vieles, worauf wir unsere Energien verschwenden, wird kaum ein Jahr lang von Bedeutung sein, ganz zu schweigen von der Ewigkeit. Verschwenden Sie Ihr Leben nicht auf vergängliche Dinge. Welchen Dingen erlauben Sie, Ihrer Mission im Weg zu stehen? Was hält Sie davon ab, ein Weltklasse-Christ zu sein? Was immer es ist, lassen Sie es los.

»[...] *lasst uns alles ablegen, was uns in dem Wettkampf behindert.*«
Hebräer 12,1; Hfa

»Gott, sei uns gnädig und segne uns. Sieh uns an im Licht deiner Liebe.
Dann wird man auf der ganzen Welt erkennen, dass du uns führst.
Alle Völker werden sehen und verstehen: Du willst die Menschen retten.«
Psalm 67,2–3; GN

Denken Sie kreativ, statt sich Entschuldigungen auszudenken. Wenn Sie wie Jesus sein möchten, müssen Sie ein Herz für die ganze Welt haben. Sie können nicht zufrieden sein, wenn nur Ihre Familie und Ihre Freunde zu Christus finden. Es gibt über sechs Milliarden Menschen auf dieser Erde, und Jesus möchte, dass alle seine verlorenen Kinder zu ihm finden. Der Missionsauftrag ist *Ihr* Auftrag; wenn Sie Ihren Teil erfüllen, entdecken Sie das Geheimnis eines Lebens, das Bedeutung hat.

Vater, ich möchte mich so um diese Welt sorgen,
wie du es tust. Ich möchte mein Herz
für die Millionen von Menschen öffnen,
die deine Gute Nachricht noch nicht gehört haben.
Ich nehme den Missionsauftrag als meinen Auftrag an.
Hier bin ich, sende mich!

39. Tag
Ein Gleichgewicht finden

»Achtet also genau darauf, wie ihr lebt: nicht als Menschen, die von Gott nichts wissen wollen, sondern als Menschen, die Gott kennen und lieben.«
Epheser 5,15; Hfa

Ein Gedanke zum Mitnehmen: Selig sind die Ausgeglichenen.

Eine Frage zum Nachdenken: Mit welchem der vier Vorschläge möchte ich anfangen, um mit Blick auf die Berufungen Gottes ein ausgewogenes Leben führen zu können?

Zu einem zielorientierten Leben gehören Gleichgewicht und Hingabe untrennbar hinzu. Sie können Ihre fünf Lebensziele im Gleichgewicht und Ihr Leben auf Kurs halten, indem Sie die folgenden einfachen Gewohnheiten entwickeln:

Tauschen Sie sich mit einer anderen Person oder einer Kleingruppe aus. Die beste Möglichkeit, die Prinzipien zu *verinnerlichen,* die in diesem Buch genannt werden, besteht darin, sie mit anderen im Rahmen einer Kleingruppe durchzusprechen. In der Bibel steht: »Wie man Eisen mit Eisen schärft, so schleift ein Mensch den Charakter des anderen« (Sprichwörter 27,17; Hfa). Wir lernen am besten in Gemeinschaft. Unser Denken wird dann geschärft und unsere Überzeugungen werden durch Gespräche vertieft.

Machen Sie regelmäßig einen geistlichen Check-up. Die beste Methode, die fünf Berufungen in Ihrem Leben *im Gleichgewicht zu halten,* besteht darin, sich selbst regelmäßig zu bewerten. Gott räumt der Selbstprüfung einen hohen Stellenwert ein. Wenigstens fünfmal finden wir in der Bibel den Hinweis, dass wir unsere »geistliche Gesundheit« überprüfen sollen. Unterziehen Sie dazu die fünf Vitalwerte Anbetung, Gemeinschaft, Nachfolge, Dienst und Mission einem regelmäßigen Check.

»Kommt, wir wollen unser Leben überprüfen und dann zum Herrn zurückkehren.«
Klagelieder 3,40; Hfa

Schreiben Sie Ihre Fortschritte auf. Ein geistliches Tagebuch ist eine gute Möglichkeit, Ihre Fortschritte bei der Umsetzung von Gottes Berufungen zu verstärken. In dieses Tagebuch tragen Sie alle Lebenslektionen ein, die Sie nicht vergessen möchten. Wir erinnern uns besser an das, was wir aufgeschrieben haben. Das Schreiben hilft Ihnen dabei, sich darüber klar zu werden, was Gott in Ihrem Leben tut. Ihr Leben ist auch eine Reise und eine Reise braucht ein Reisetagebuch. Sie sind es zukünftigen Generationen schuldig, Ihr Zeugnis darüber zu geben, wie Gott Ihnen geholfen hat, seine Berufungen in dieser Welt zu erfüllen. Dieses Zeugnis wird noch sprechen, wenn Sie schon lange im Himmel sind.

»Was ich dir vor vielen Zeugen als die Lehre unseres Glaubens übergeben habe, das gib in derselben Weise an zuverlässige Menschen weiter, die im Stande sind, es anderen zu vermitteln.«
2. Timotheus 2,2; GN

Geben Sie Ihr Wissen an andere weiter. Wenn Sie geistlich wachsen wollen, lernen Sie am besten, indem Sie an andere weitergeben, was Sie selbst gelernt haben. Nun, nachdem Sie Ihre Lebensberufungen erkannt und verstanden haben, ist es Ihre Aufgabe, dieses Wissen mit anderen zu teilen. Gott fordert Sie auf, sein Botschafter zu sein. Sie kennen möglicherweise Hunderte von Menschen, die den Sinn und das Ziel ihres Lebens nicht kennen. Sprechen Sie mit Ihren Kindern, Ihren Freunden, Ihren Nachbarn und mit Ihren Arbeitskollegen darüber.

Anderen Menschen zu erklären, welchen Sinn und Ziel ihr Leben hat, ist nicht nur eine Verpflichtung, sondern auch eines der größten Privilegien des Lebens. Wem werden Sie die Gute Nachricht erzählen?

Jesus, ich kenne jetzt die fünf Ziele meines Lebens und möchte dich bitten, mir dabei zu helfen, sie im Gleichgewicht zu halten. Lass nicht zu, dass ich eines von ihnen übermäßig betone, während ich andere vernachlässige.

40. Tag

Leben mit Vision

»David starb, nachdem er den Menschen seiner Zeit nach dem Willen Gottes gedient hatte.«
Apostelgeschichte 13,36; Hfa

Ein Gedanke zum Mitnehmen: Nur ein sinn- und zielorientiertes Leben ist echtes Leben.

Eine Frage zum Nachdenken: Wann werde ich mir die Zeit nehmen, meine Antworten auf die fünf wichtigsten Fragen des Lebens aufzuschreiben? Wann werde ich mein Lebensziel zu Papier bringen?

Es gibt viele »gute« Sachen, die Sie mit Ihrem Leben machen können, doch Gottes Berufungen gehören zu den wesentlichen Dingen, die Sie tun müssen. Unglücklicherweise neigen wir leicht dazu, uns ablenken zu lassen und zu vergessen, was wirklich zählt. Es ist ganz einfach, von dem, was zählt, abzudriften und langsam vom Kurs abzukommen. Um das zu verhindern, müssen Sie eine Zielsetzung für Ihr Leben (schriftlich) definieren und sich regelmäßig ins Gedächtnis rufen. Ihr Lebensziel fasst Gottes Absichten für Ihr Leben zusammen, zeigt die Richtung Ihres Lebens auf, definiert »Erfolg« für Sie, klärt Ihre Rolle und spiegelt Ihr persönliches Profil wider.

Die fünf wichtigsten Fragen des Lebens

1. *»Was ist der Mittelpunkt meines Lebens?«* Dies ist die Frage nach der *Anbetung*. Wofür leben Sie? Worauf bauen Sie Ihr Leben auf? Sie können sich in Ihrem Leben auf Ihre Karriere konzentrieren, auf Ihre Familie, auf eine Sportart oder ein Hobby, auf Geld, darauf, viel Spaß zu haben, oder auf viele andere Aktivitäten. Das sind für sich genommen gute Dinge, doch sie gehören nicht in den Mittelpunkt Ihres Lebens. Nichts davon hält Sie zusammen, wenn das Leben um Sie herum zusammenbricht. Sie brauchen eine unerschütterliche Mitte.

2. *»Welche Kennzeichen soll mein Leben haben?«* Hier geht es um *Nachfolge*. Was für eine Art von Person wollen Sie sein? Gott ist vielmehr daran interessiert, wer Sie sind, als was Sie tun. Denken Sie daran, Sie werden Ihren Charakter mit in die Ewigkeit nehmen, nicht aber Ihre Karriere.

3. *»Welchen Beitrag leistet mein Leben?«* Dies ist die Frage nach dem *Dienst*. Sie kennen jetzt Ihre Kombination aus geistlichen Gaben, Ihrem Herzen, Ihrer Andersartigkeit/Persönlichkeit, Ihren besonderen Fähigkeiten, Ihren Erfahrungen und Ihren Neigungen (GABEN). Was also wäre Ihre beste Rolle in der Familie Gottes? Gibt es eine spezielle Gruppe, für die zu dienen Sie wie geschaffen sind?

4. *»Was ist die Aussage meines Lebens?«* Hier geht es um die Frage nach Ihrem *Auftrag* gegenüber Menschen, die Gott nicht kennen. Ihr Missionsauftrag sollte Ihre Bereitschaft beinhalten, Ihr Zeugnis und die Gute Nachricht weiterzugeben. Wenn Sie als Christ wachsen, kann es sein, dass Gott Ihnen eine spezielle Zielgruppe von Menschen vor Augen stellt, auf die Sie sich konzentrieren sollen.

»Als Gottes Mitarbeiter bitten wir euch: Lasst die Gnade, die Gott euch geschenkt hat, in eurem Leben nicht ohne Auswirkung bleiben.«
2. Korinther 6,1; Hfa

5. *»Was ist der Gemeinschafts-Aspekt in meinem Leben?«* Wie zeigen Sie Ihre Hingabe an andere Christen und die Verbindung zur *Familie Gottes*? Wo praktizieren Sie die »Einander-Gebote« der Bibel mit anderen Christen? Zu welcher Gemeinde gehören Sie als funktionierendes Mitglied dazu? Je mehr Sie als Christ reifen, desto mehr werden Sie den Leib Christi lieben und desto mehr werden Sie ihm opfern. Fangen Sie heute an, ein ziel- und sinnorientiertes Leben zu führen!

Lieber Gott, ich möchte mit meinem Leben deinen Zielen
für die Menschen meiner Generation dienen.
Hilf mir, deine Botschaft zu verbreiten,
damit auch andere Menschen den Plan erfüllen können,
den du für ihr Leben hast.

»Gehört jemand zu Christus, dann ist er ein neuer Mensch. Was vorher war, ist vergangen, etwas Neues hat begonnen.«
2. Korinther 5,17; Hfa